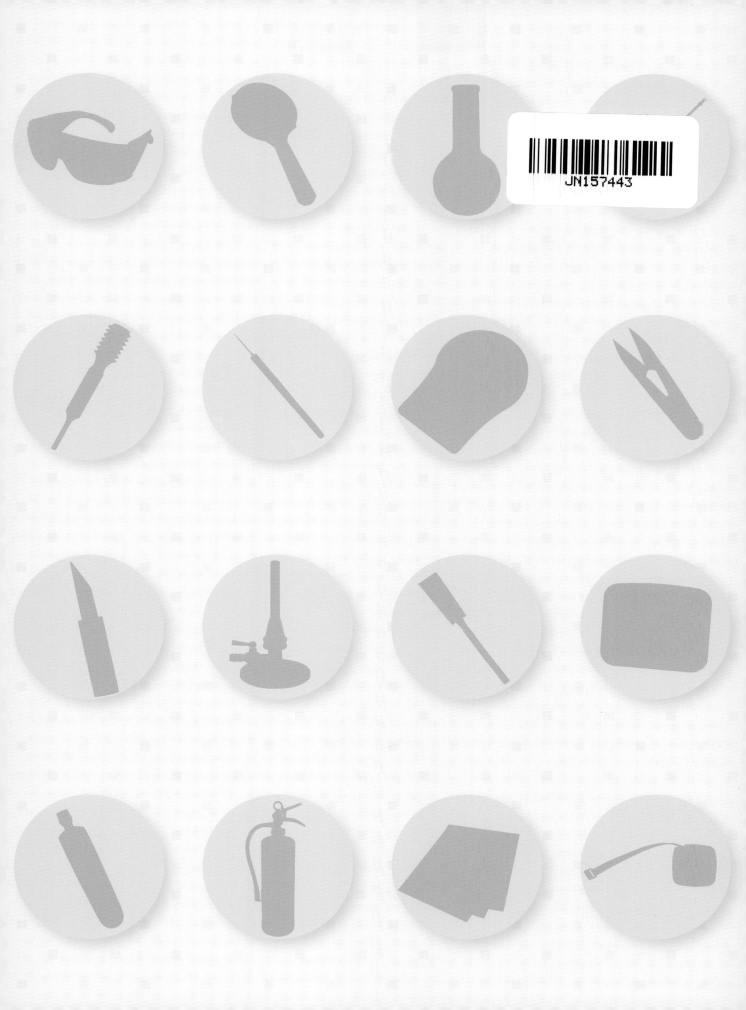

楽しい調べ学習シリーズ

# 学校にある道具 使い方事典

## はさみ・電流計からライン引きまで

[監修] 梅澤真一

PHP

# もくじ

はじめに……………………4
この本の使い方……………5

## 切る
はさみ………………………6
工作ばさみ／裁ちばさみ／ピンキングばさみ／糸切りばさみ
金切りばさみ………………8
カッター……………………9

**こんな道具もあるよ！** ニッパー

のこぎり……………………10
両刃のこぎり／片刃のこぎり／糸のこ／電動糸のこ
包丁…………………………12

## 穴をあける
きり…………………………13

**こんな道具もあるよ！** 目打ち

## けずる
小刀…………………………14
やすり………………………15
木工やすり／組やすり／紙やすり／布やすり

## むく
ピーラー……………………16

## ほる
彫刻刀………………………17

## はかる
メジャー……………………18
布製メジャー（小型）／布製メジャー（大型）／鉄メジャー

**こんな道具もあるよ！** 竹尺ものさし／ロードメジャー

ストップウォッチ…………19

**こんな道具もあるよ！** キッチンタイマー

計量カップ…………………20
計量スプーン
棒温度計……………………21
示温テープ／デジタル温度計
気体検知管…………………22
検流計・電流計……………23

**こんな道具もあるよ！** 電圧計

はかり………………………24
上皿天びん／デジタルはかり／台ばかり

## 調べる
地球儀………………………26
地図…………………………27
リトマス紙…………………28
方位磁針……………………29

## 見る
顕微鏡………………………30
顕微鏡／解ぼう顕微鏡／双眼実体顕微鏡／モニターつき顕微鏡
双眼鏡………………………32
虫めがね……………………33

**こんな道具もあるよ！** レンズが複数ついている虫めがね

保護めがね…………………34

**こんな道具もあるよ！** しゃ光板

星座早見……………………35

## 熱する
ガスバーナー………………36
アルコールランプ…………37
ガスコンロ…………………38
電熱器………………………39
アイロン……………………40
はんだごて…………………41

| | | | | |
|---|---|---|---|---|
| 火をつける | マッチ……………42 | | 吸う・出す | スポイト……………55 |
| こんな道具もあるよ！ | 点火用ライター／ろうそく | | こんな道具もあるよ！ | 駒込ピペット |
| 火を消す | 消火器……………43 | | つかむ | ピンセット……………56 |
| | | | こんな道具もあるよ！ | ペンチ／ラジオペンチ |
| 入れる | フラスコ……………44 | | とめる | ドライバー…………57 |
| こんな道具もあるよ！ | ビーカー／試験管／蒸発皿／注射器 | | こんな道具もあるよ！ | スパナ、レンチ |
| | ボウル・ざる……45 | | はさむ | 万力……………58 |
| こんな道具もあるよ！ | フライパン／なべ | | こんな道具もあるよ！ | クランプ |
| かく | えんぴつ……………46 | | 抜く | くぎ抜き…………59 |
| こんな道具もあるよ！ | チョーク／消しゴム／ノート | | 打つ | 金づち……………60 |
| | 毛筆……………47 | | こんな道具もあるよ！ | げんのう |
| こんな道具もあるよ！ | すみ、ぼくじゅう | | 音を出す | ホイッスル………61 |
| はる | のり・接着ざい…48 ねん着テープ……49 | | こんな道具もあるよ！ | 電子ホイッスル |
| | セロハンテープ／両面テープ／クラフトテープ | | ふく | ぞうきん…………62 |
| ぬう | ミシン……………50 ぬい針……………51 | | こんな道具もあるよ！ | 自在ほうき／ちり取り |
| こんな道具もあるよ！ | まち針／針さし | | さくいん……………63 | |
| 線を引く | コンパス……………52 | | | |
| こんな道具もあるよ！ | 先生用のコンパス／三角定規 | | | |
| | すじけ引き………53 | | | |
| こんな道具もあるよ！ | けがき針 | | | |
| | ライン引き………54 | | | |

# はじめに

　人は、生活をよりよいものにするために、たくさんの道具をつくってきました。つくった道具をうまく使うことで、人は、より多くのことができるようになりました。また、より多くのことを知ることができるようになりました。

　紙を切ることは、手でもできますが、きれいに切ることはむずかしいですね。手で切ると、曲がってしまったり、切り口がギザギザになってしまったりします。手だけでは、紙をきれいに切ることはできません。
　「はさみ」という道具を使うと、きれいに切ることができます。手では切ることのできない、ひもや布、糸もかんたんに切ることができます。道具をうまく使うことで、わたしたちの生活はよりよいものになります。

　学校や家で、「切りたい」、「穴をあけたい」、「正確にはかりたい」、「小さなものを大きくして見てみたい」、「まっすぐな線をかきたい」と思ったときには、この事典を開いてください。

　この事典は、学校にある道具の使い方を紹介しています。また、どんな道具をどのように使ったらよいのかが、わかりやすく示されています。

　この事典を何度も開き、よく読んで、道具使いの達人になってください。

筑波大学附属小学校教諭
**梅澤真一**

# この本の使い方

この本では、小学校や中学校で使う、さまざまな道具を紹介しています。この本を読んで、楽しく便利に、そして安全に、道具を使いこなしましょう。

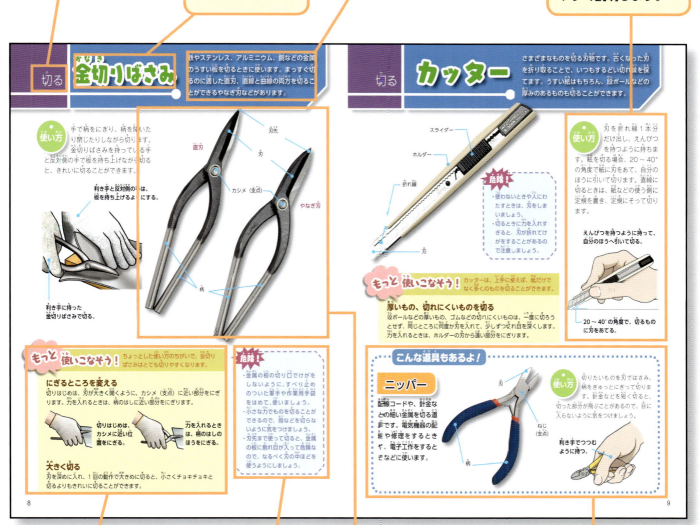

- 道具でできることを動作別にテーマ分けしています。
- そのページで紹介する、道具の名前です。
- 道具のつくりや、その道具でできることを、説明します。
- 道具の持ち方や使い方を、文や絵で、わかりやすく説明します。
- その道具を使いこなすためのポイントを紹介します。
- 道具を安全に使うための注意点などを説明します。
- 道具の各部分の名前を紹介します。
- そのページで紹介されている道具と似ている道具や、使い分けができる道具を紹介します。

※同じ道具でも、ものによって使い方がちがうことがあります。道具を使うときは、その製品の取りあつかい説明書もよく読みましょう。
※地域などによって、道具や各部分のよび方がことなる場合があります。

切る

# はさみ

おもに紙や布、金属の板などの、うすいものを切るときに使います。柄を手に持って開いたり閉じたりすると、その動きに合わせて刃の部分が開閉して、紙などを切ることができます。

## 工作ばさみ

紙などを切るときに使うはさみです。日常的にものを切るときにも使います。

刃先 / 刃うら / ねじ（支点）/ 柄 / 刃表

### 持ち方

自分の手の大きさに合ったものを、選んで使おう。

親指を入れる。
人さし指と中指を入れる。人さし指を外に出す持ち方もある。

**危険！**
人に手わたすときは、刃の部分を閉じて持ち、柄のほうを相手に向けてわたすようにしましょう。

### 使い方

正しくはさみをにぎったら、軽くわきをしめてかまえます。刃先は使わずに、刃を大きく開いて、刃の根もと近くからまん中を使うと、きれいに切れます。切るときは、刃を切るものに対してねかせず、まっすぐに立てるようにします。切る向きを変えるときは、はさみを持っている手は動かさず、切るものの向きを変えましょう。

この部分を使って切る。

※はさみには、右利き用と左利き用があります。

## もっと使いこなそう！

はさみを上手に使えば、直線だけでなく、曲線もきれいに切ることができます。また、紙よりもやわらかいものを切るときには、きれいに切るポイントがあります。

### 円を切る

まず、紙のへりから円の部分まで切ります。円まで切ったら、はさみを持っていないほうの手で紙をゆっくりと回しながら、円にそって刃の根もとで少しずつ切ります。

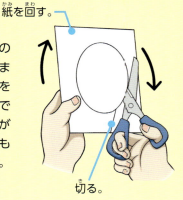
紙を回す。
切る。

### やわらかいものを切る

テープなどのやわらかいものは、友だちや先生にはしを持ってもらい、ピンとはった状態で切ります。ゆるんだ状態で切ると、切りにくくなります。

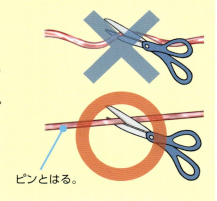
ピンとはる。

## 裁ちばさみ

布を切るはさみです。布を机の上に置いたままで安定して切り進められるように、柄の部分にある輪の形と大きさがちがいます。

- 親指を入れる。
- 中指と薬指、小指を入れる。

**使い方** 柄にある小さいほうの輪に親指を、大きいほうの輪に中指と薬指、小指を入れます。人さし指は輪の前にそえるように置きます。こうすることで、刃先の動きがより安定します。

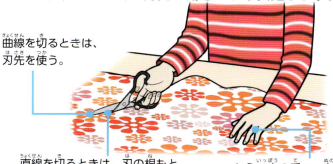

- 曲線を切るときは、刃先を使う。
- 直線を切るときは、刃の根もとからまん中あたりを使う。
- もう一方の手で、布を机におさえつける。

## ピンキングばさみ

布のはしをギザギザに切って、布のほつれ防止に使います。

- 人さし指と中指を入れる。
- 親指を入れる。

ギザギザを横から見ると……。

切り口がギザギザに！

**使い方** もともとほつれにくい布のはしを切ると、よりほつれにくくなります。ただし、ほつれやすい布のほつれ防止には向いていません。紙を切る工作用のピンキングばさみもありますが、こちらはかざりつけのために使います。

## 糸切りばさみ

糸を切るための、コンパクトなはさみです。にぎって使うことからにぎりばさみ、日本特有の形であることから和ばさみともよばれています。

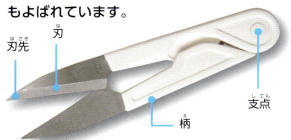

- 刃先
- 刃
- 柄
- 支点

**使い方** 工作ばさみとちがい、支点となる部分と刃のあいだに柄があります。柄を軽くにぎって糸などを切ります。コンパクトで軽いので、細かい作業をするのに向いています。

- 刃先を使って切る。
- しまうときは、キャップをして、刃が開かないようにしましょう。

# 切る　金切りばさみ

鉄やステンレス、アルミニウム、銅などの金属のうすい板を切るときに使います。まっすぐ切るのに適した直刃、直線と曲線の両方を切ることができるやなぎ刃などがあります。

### 使い方

手で柄をにぎり、柄を開いたり閉じたりしながら切ります。金切りばさみを持っている手と反対側の手で板を持ち上げながら切ると、きれいに切ることができます。

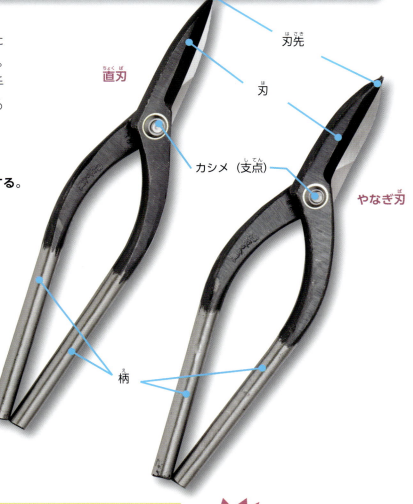

- 刃先
- 直刃
- 刃
- カシメ（支点）
- やなぎ刃
- 柄

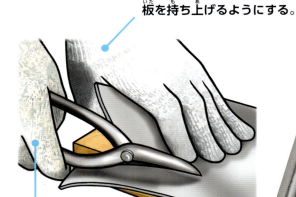

利き手と反対側の手は、板を持ち上げるようにする。

利き手に持った金切りばさみで切る。

## もっと使いこなそう！

ちょっとした使い方のちがいで、金切りばさみはとても切りやすくなります。

### にぎるところを変える

切りはじめは、刃が大きく開くように、カシメ（支点）に近い部分をにぎります。力を入れるときは、柄のはしに近い部分をにぎります。

切りはじめは、カシメに近い位置をにぎる。

力を入れるときは、柄のはしのほうをにぎる。

### 大きく切る

刃を深めに入れ、1回の動作で大きめに切ると、小さくチョキチョキと切るよりもきれいに切ることができます。

### 危険！

- 金属の板の切り口でけがをしないように、すべり止めのついた軍手や作業用手袋をはめて、使いましょう。
- 小さな力でものを切ることができるので、指などを切らないように気をつけましょう。
- 刃先まで使って切ると、金属の板に割れ目が入って危険なので、なるべく刃の中ほどを使うようにしましょう。

## 切る カッター

さまざまなものを切る刃物です。古くなった刃を折り取ることで、いつもするどい切れ味を保てます。うすい紙はもちろん、段ボールなどの厚みのあるものも切ることができます。

- スライダー
- ホルダー
- 折れ線
- 刃

### 危険！
- 使わないときや人にわたすときは、刃をしまいましょう。
- 切るときに力を入れすぎると、刃が折れてけがをすることがあるので注意しましょう。

### 使い方
刃を折れ線1本分だけ出し、えんぴつを持つように持ちます。紙を切る場合、20～40°の角度で紙に刃をあて、自分のほうに引いて切ります。直線に切るときは、紙などの使う側に定規を置き、定規にそって切ります。

えんぴつを持つように持って、自分のほうへ引いて切る。

20～40°の角度で、切るものに刃をあてる。

### もっと使いこなそう！
カッターは、上手に使えば、紙だけでなく多くのものを切ることができます。

#### 厚いもの、切れにくいものを切る
段ボールなどの厚いもの、ゴムなどの切れにくいものは、一度に切ろうとせず、同じところに何度か刃を入れて、少しずつ切れ目を深くします。力を入れるときは、ホルダーの刃から遠い部分をにぎります。

### こんな道具もあるよ！

## ニッパー

配線コードや、針金などの細い金属を切る道具です。電気機器の配線や修理をするときや、電子工作をするときなどに使います。

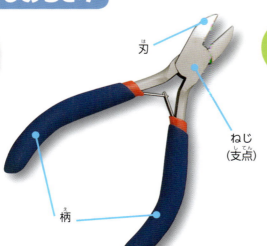

- 刃
- ねじ（支点）
- 柄

### 使い方
切りたいものを刃ではさみ、柄をぎゅっとにぎって切ります。針金などを短く切ると、切った部分が飛ぶことがあるので、目に入らないように気をつけましょう。

利き手でつつむように持つ。

# 切る のこぎり

木や金属などを切るときに使います。種類によって、おすときに力を入れて切るものと、引くときに力を入れて切るものがあるので、正しい使い方を覚えることが大切です。

## 両刃のこぎり

両側に刃があるのこぎりで、木を切るのに使います。目の細かい横引き用の刃は木目に対して直角に切るとき、目のあらいたて引き用の刃は木目にそって切るときに使います。

**たて引き用の刃**
**横引き用の刃**

部位: 柄じり、柄、首、ふじ巻き、刃

### 使い方

利き手でのこぎりを持ち、もう一方の手で木をおさえます。切りたい部分にのこぎりの刃をあてて軽くこすり、小さなみぞができたら、木をしっかりと固定します。のこぎりを両手でにぎり、刃が木に対して10～30°になるように保って、引くときに力を入れて切ります。

### 危険！
- 切りはじめに手をそえるとき、刃で切らないように気をつけましょう。
- 切り落とす部分を人に持ってもらうと、切った部分が落ちず、安全です。

のこぎりを両手で持ち、引くときに力を入れる。
10～30°に保つ。
切る木を足などで固定する。

## 片刃のこぎり

片側にだけ刃がついている、木を切るときに使うのこぎりです。片刃のこぎりは、おもに横引き用なので、木目に対して直角に切るときに使います。

部位: 刃、首、柄、ふじ巻き、柄じり

### 使い方

両刃のこぎりと同じように、刃が木に対して10～30°になるように保ち、引くときに力を入れて切ります。両刃のこぎりよりも軽いので、あつかいやすいでしょう。

木目の方向

片刃のこぎりは、片手で持ちます。もう一方の手で、木をしっかりと固定します。うまく固定できないときは、クランプ（→58ページ）を使って固定しましょう。

# 糸のこ

細い刃が特ちょうののこぎりです。方向を変えながら切ることができるため、木を複雑な形に切ったり、細工をしたりすることができます。

**使い方** 木の板を足や専用の道具などで固定し、板に対して直角に刃をあてます。刃をおすときに力を入れながら、ゆっくりと刃を上下させて切ります。

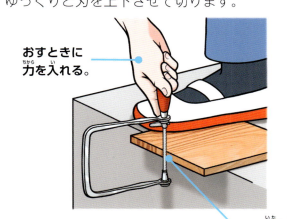

おすときに力を入れる。

板に直角に刃をあてて切る。

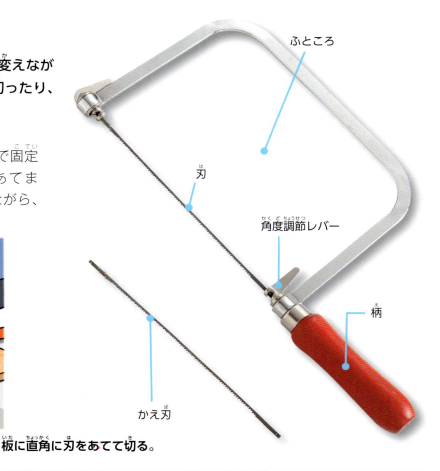

ふところ / 刃 / 角度調節レバー / 柄 / かえ刃

---

# 電動糸のこ

電気の力で刃を動かし、木を切る糸のこです。ふつうの糸のこは切る方向を変えるときは、刃の向きを変えますが、電動糸のこは、木を動かしながら切り進めます。

**使い方** 木をテーブルの上に置き、おさえ板でおさえつけ、切り進めます。切り口をカーブさせたいときは、木を回して切り進む方向を調節します。

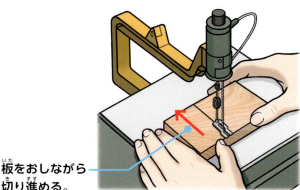

板をおしながら切り進める。

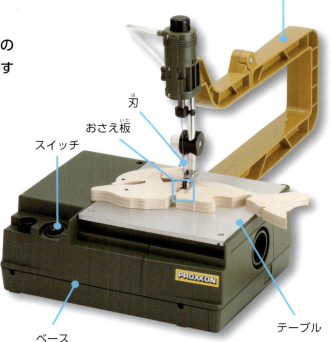

アーム / 刃 / おさえ板 / スイッチ / ベース / テーブル

東京オートマック株式会社　スーパーコッピングソウテーブル EX27088

## 切る

# 包丁

食べものを切るときに使う刃物で、さまざまな種類があり、食材ごとに使い分けます。家庭や学校では、文化包丁という、多くの食材を切れるものがよく使われます。

柄
背
腹
刃先
刃

ロストフライ三徳包丁 10055-880-0

### 危険！

・人にわたすときは、相手も自分もけがをしないように、手わたしをせずに、台に置いてわたしましょう。
・手を切らないように、刃の前に手や指を置かないようにしましょう。

### 使い方

柄の部分を、手で上からつつみこむように持ちます。食材をおさえる手は、指を切らないように、軽くにぎって、切るものを上からおさえます。包丁は前後のどちらかに動かして使います。肉や野菜を切るときはおし切り、やわらかいものや魚を切るときは引き切りにします。

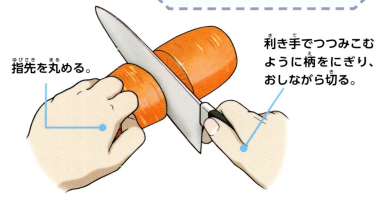

指先を丸める。

利き手でつつみこむように柄をにぎり、おしながら切る。

### もっと 使いこなそう！

包丁は、使い方しだいで、くだものや野菜などの皮をむいたり、肉のせんいを切ったりできます。どんな使い方があるのか見てみましょう。

#### 皮をむく

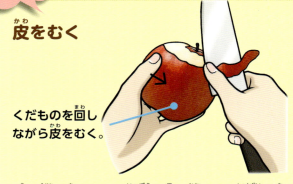

くだものを回しながら皮をむく。

柄を短く持ち、もう一方の手で皮をむく食材を持ちます。食材に包丁の刃をねかせてあて、包丁を持っている手の親指で、むいた皮をおさえながら、もう一方の手で食べものを回してむきます。

#### 肉をたたく

厚みのある肉は、焼く前に、包丁の背を使ってたたいて、肉のせんいを切ります。そうすることで、火を通したときに、縮みにくくなります。

# 穴をあける きり

木の板などに穴をあける道具です。くぎやねじを打ちこむ部分に、きりで先に穴をあけておくと、打ちこみやすくなったり、板が割れるのを防いだりできます。

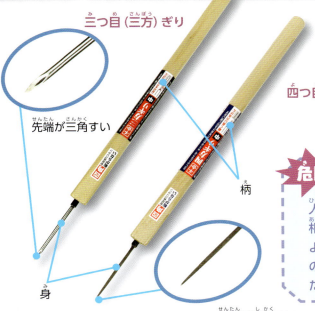

三つ目（三方）ぎり／先端が三角すい／柄／身／四つ目（四方）ぎり／先端が四角すい

**危険！** 人に手わたすときは、相手がけがをしないように、かならず柄のほうを向けて手わたしましょう。

### 使い方

両方の手のひらで柄をはさみ、手を前後に動かしてきりを回転させて、先端で穴をあけます。先がとがった四つ目（四方）ぎりは小さな穴をあけるのに向いています。先が少しふくらんだ三つ目（三方）ぎりは、やや大きな穴をあけるのに向いています。

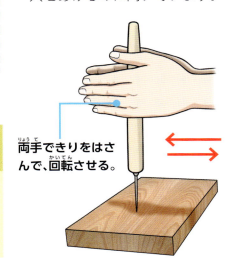

両手できりをはさんで、回転させる。

## もっと使いこなそう！

ねじを使うときとくぎを使うときでは、きりでの穴のあけ方がちがいます。

**ねじ穴をあけるとき**
ねじを回し入れやすいように、三つ目ぎりで大きく深い穴をあける。

**くぎ穴をあけるとき**
くぎがまっすぐささりやすいように、四つ目ぎりで穴をあける。

## こんな道具もあるよ！

### 目打ち

布に穴をあけてボタンをつける位置のしるしにしたり、穴を広げたりします。また、先端でぬい目をほどいたり、細かい作業をするのに、指先の代わりに使ったりすることもできます。

先端／柄

### 使い方

えんぴつと同じように柄を持ち、先端でさまざまな作業をします。細かい作業をするときは、先端に近い金属の部分を持つこともあります。

 目印などにするために、布に穴をあける。

 ぬい目に引っかけてほどく。

| けずる |  | えんぴつや木をけずったり、切ったりする道具です。一般的な、刃先がまっすぐのもののほかに、日本刀のように反り返っているものや、両側に刃がついているものなどもあります。 |

### 使い方

利き手で柄をつつみこむようににぎり、もう一方の手でけずりたいえんぴつなどを持ちます。けずる部分に刃をあてたら、えんぴつなどを持っているほうの手の親指で、刃のみねをおすようにして、ゆっくりとけずります。

### 危険！

- 人に刃先を向けてはいけません。
- 持ち歩くときは、刃をさやにおさめるようにしましょう。
- 使うときに力を入れすぎると、いきおいあまってけがをしやすくなります。力を入れすぎないようにしましょう。

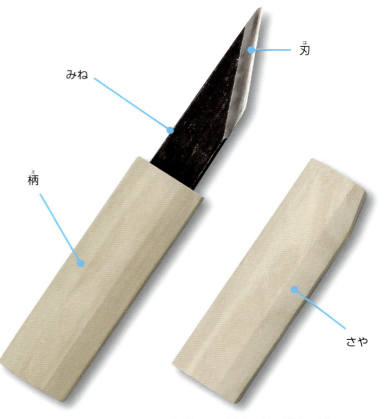

※小刀には、右利き用と左利き用があります。

## もっと使いこなそう！

小刀は、正しく使わないと、使いにくいだけでなくけがの原因にもなります。きちんとした方法で安全に使いましょう。

### えんぴつのけずり方

えんぴつの先に刃をあて、親指でみねをおして、角をなくすようにけずる。しんは折れやすいので、少しずつけずる。

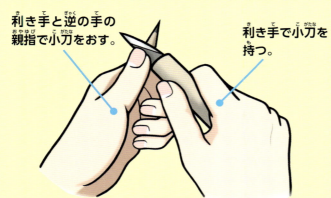

### さやの抜き方

利き手で柄を、もう一方の手でさやをしっかりにぎり、親指どうしでおし合うようにして抜く。

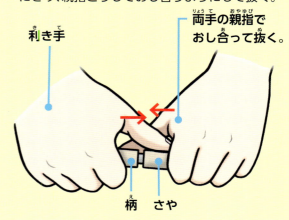

## けずる

# やすり

表面に細かいでこぼこがあり、木や金属などにこすりつけて、表面をけずります。目のあらいものから細かいものの順で使うと、けずったものの表面がなめらかになります。

## 木工やすり

おもに木をけずるためのやすりです。目が平らなものや、曲線のものなど、さまざまな種類があり、使い分けることで木の表面をなめらかにします。

**使い方**

柄をにぎって、目をけずりたい部分につけて前後に動かし、おもにおすときにけずります。

写真は、とがったでこぼこの「おに目」。ほかに、目が平行な単目や、交差する複目などがある。

目 / 柄

単目

複目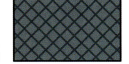

## 組やすり

さまざまな形のやすりがセットになったものです。平らな面だけでなく、へこんだ面などのけずりにくい面にもやすりをかけることができます。

**使い方**

けずりたい面の形などに合わせてやすりをえらび、けずります。

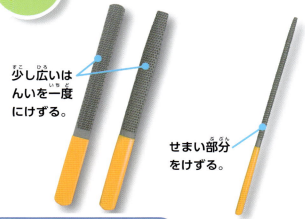

少し広いはんいを一度にけずる。

せまい部分をけずる。

## 紙やすり

じょうぶな紙に石の粉がつけてあり、木や金属をなめらかにします。目のあらさは数字で表され、数字が大きいほど、目が細かくなります。

**使い方**

けずりたいものにザラザラの面をこすりつけてけずります。

**危険！**
やすりでけずったかすが目に入ると、目に傷がつくので、けずりかすは、人のいないところで落としましょう。

## 布やすり

紙やすりとよく似ていますが、布に石の粉がついています。紙やすりよりも、じょうぶです。

**使い方**

紙やすりと同じように、けずりたい部分を直接こすったり、やわらかいので棒や板に巻いて使うこともできます。

棒などに巻くと、使いやすい。

# むく ピーラー

野菜やくだものの皮をむく道具です。刃の形が、皮をむく食材に深く食いこまないようになっているので、包丁よりもかんたんに食材の皮をむくことができます。

### 使い方

ニンジンなどの細長い食材の皮をむくときは、まな板の上に食材を横向きに置いて、刃をおしつけながら引いて皮をむきます。ジャガイモなどの転がりやすい食材は、食材を手で持ち、角度を変えながら、皮をむきます。

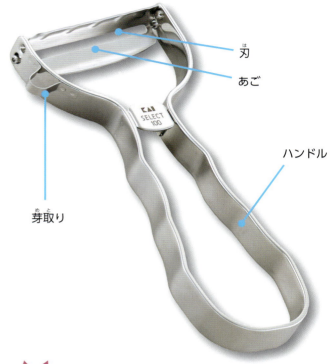

- 刃
- あご
- ハンドル
- 芽取り

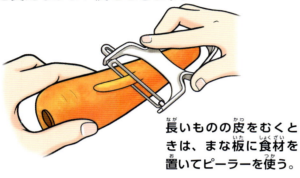

長いものの皮をむくときは、まな板に食材を置いてピーラーを使う。

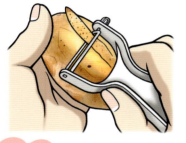

丸いものの皮をむくときは、食材を手で持ってピーラーを使う。

### 危険！

食材を手に持って皮をむくときは、指を切りやすいので、刃にふれないように気をつけましょう。

## もっと使いこなそう！

ピーラーは、ダイコンやニンジンなどの皮をむくだけでなく、ジャガイモの芽を取ることもできます。種類によっては、食材を千切りにできるものがあります。

### 芽取り

ジャガイモの芽には、からだによくない成分がふくまれているので、取りのぞきます。ピーラーの芽取りを使えば、かんたんに取ることができます。

芽取りをジャガイモの芽におしあててえぐり取る。

### ピーラーの種類

ピーラーには、いろいろな種類があるので、食材によって使い分けます。なかには、千切りができるものもあります。

千切りができるピーラー

トマトなどのうすい皮をむけるピーラー

丸いものをむきやすいピーラー

## ほる

# 彫刻刀

木をほるための道具です。柄の先にいろいろな形の鉄製の刃がついていて、ほり方によって、形を使い分けます。

### 持ち方

柄頭の近くを、えんぴつのように持ってもう一方の手を上からそえます。手首は机やほる木の上にのせて安定させます。

### 使い方

木を版画作業板にぴったりつけて、奥にすべらないようにします。力を入れすぎないようにして刃をおし出してほります。手全体を動かすのではなく、手首を机から動かさずに、指の曲げのばしで少しずつほるようにします。彫刻刀の角度を変えると、ほる深さに変化をつけられます。向きを変えるときは、彫刻刀の向きはそのままで、ほる板や木を回します。

- 版画作業板
- 人さし指をそえる。
- えんぴつを持つようににぎる。

**危険！**
刃の先に、手や指を置くと危険です。刃の前には、手や指を置かないようにしましょう。

危ない！

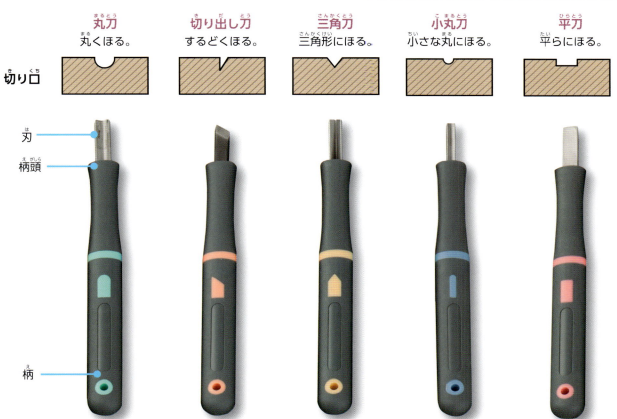

| 丸刀 | 切り出し刀 | 三角刀 | 小丸刀 | 平刀 |
|---|---|---|---|---|
| 丸くほる。 | するどくほる。 | 三角形にほる。 | 小さな丸にほる。 | 平らにほる。 |

切り口

刃　柄頭　柄

# はかる メジャー

ものの長さや、きょりをはかる道具です。巻いた状態で保管して、テープを引き出して使います。体育や家庭、図画工作などの多くの授業でいろいろな種類のメジャーを使います。

### 使い方

テープには目もりがかいてあります。目もりの「0」をはかりたい長さのはじまりの部分にぴったりつけて、反対側のはしまで、まっすぐテープをのばして長さをはかります。

布製の大型メジャーは、ふたり一組になって使う。

## 布製メジャー（小型）

裁ほうなどで、うでの長さなどをはかるときに使います。

つめ／テープ／本体／収納ボタン

## 布製メジャー（大型）

スポーツなどで長い直線きょりをはかるときに使います。

ヤマヨ測定機株式会社　ミリオンカスタム

## 鉄メジャー

高い場所や手の届かない場所の長さをはかることができます。

**危険！**
鉄メジャーは、テープのふちの部分がするどいので、手などを切らないように気をつけましょう。

---

### こんな道具もあるよ！

## 竹尺ものさし

竹尺ものさしは、竹でできたものさしで、長さをはかる道具です。5cmごとに、星というしるしがついています。

目もり／星

#### 使い方

はかりたいものにあてて、長さをはかります。星と星のあいだは5cmなので、おおよその長さをはかるときに便利です。また、定規と同じように、直線を引くこともできます。

## ロードメジャー

ロードメジャーは、長い直線のきょりだけでなく、カーブの長さもはかることができます。

持ち手／カウンター

#### 使い方

タイヤをゆっくりと転がしてきょりをはかります。測定したきょりは、カウンターに数字で表示されます。カーブも計測でき、円形のトラックのきょりをはかるのに使います。

# はかる ストップウォッチ

時間をはかる道具です。徒競走やマラソンでタイムをはかるとき、球技で試合時間を管理するとき、理科の実験で正確に時間をはかるときなどに使います。

### 使い方

スタート／ストップボタンをおすと時間をはかりはじめ、もう一度おすと止まり、タイムが表示されます。50m走のタイムをはかるときは、ストップウォッチを持った人はゴールラインに立ち、走者が走りはじめたときと、走っている人のむねがゴールラインに入ったときに、スタート／ストップボタンをおします。

ラップ／リセットボタン

メモリー呼出しボタン

スタート／ストップボタン

液しょう画面

全体をつつみこむように持ち、スタート／ストップボタンをおしてタイムをはかる。

## もっと使いこなそう！

ストップウォッチには、いくつものタイムを記録しておく機能があります。

### ラップタイムをはかる

スタート／ストップボタンをおしたあと、ラップ／リセットボタンをおすと、時間は進み続けますが、おしたときのタイムを記録できます。長きょり走で、1kmごとのタイムをはかるときなどに使います。

このボタンをおすと、いくつものタイムを記録することができる。

## こんな道具もあるよ！

### キッチンタイマー

時間をはかる道具です。設定した時間がたつと、音が鳴って知らせてくれます。

### 使い方

ボタンをおして、時間を設定します。スタートボタンをおすとカウントダウンがはじまり、表示が「0」になると音が鳴って知らせます。料理でゆで時間などをはかるときなどに使います。

時間を設定するボタン

スタートボタン

ストップ／リセットボタン

料理をするときに使えば、いつも同じゆでかげんや焼きかげんにできる。

## はかる 計量カップ

目もりがついたカップで、食品や調味料の量をはかることができます。200mLのものや500mL、1Lのものがあります。また、プラスチック製のほかにガラス製のものもあります。

※1cc＝1mLです。

**使い方** 決まった量の食品や調味料をはかりたいときには、目もりを見ながらゆっくりと注ぎ、量を調節します。食品や調味料の量を知りたいときには、カップに注いだあと、目もりを読みます。

**危険！** ガラスの計量カップは、急激な温度変化で割れることがあります。熱いものの量をはかった直後に、氷水を入れるなどして、温度を極端に変化させないようにしましょう。

### もっと使いこなそう！

液体以外の量をはかるときには、はかり方をまちがえると正しい量になりません。また、水と重さのちがう液体もあるので、注意しましょう。

**小麦粉などはつめこまない**
米や小麦粉などは、入れ方によって量がことなるので、つめこんだりせずに、軽く入れてはかります。粉は、いったんふるいにかけてからはかるようにします。

小麦粉などを入れたあとで手でおさえると、正しい量がはかれない。

**同じ量でも重さがことなる**
食品や調味料は、同じ量でも重さがことなります。重さを知りたいときには、その食品や調味料の1mLが何gにあたるかを調べて、計算しましょう。

水 200mL → 200g　　油 200mL → 180g

### こんな道具もあるよ！

## 計量スプーン

食品や調味料の量をはかるスプーンです。15mLの大さじ、5mLの小さじのほかに、2.5mLの小さじ半分もあります。

**使い方** 液体をはかるときは、計量スプーンを水平に持ち、表面が少しもり上がるくらい入れます。小麦粉などの粉をはかるときは、多めにすくいとってから、すり切りべらで表面を平らにします。

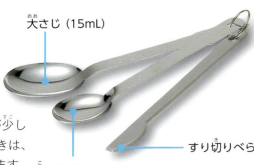

大さじ（15mL）／小さじ（5mL）／すり切りべら

## はかる 棒温度計

空気や水、地面などの温度をはかる道具です。ガラス管の中の赤い液は、おもに灯油です。灯油の体積は温度によって変わるので、液の先が動き、温度を示します。

### 使い方

液だめを、温度をはかりたい部分にさしこんで使います。気温は、風通しがよく、直接日光のあたらない、地上から1.2〜1.5mの高さのところではかります。目もりを読むときは、かならず温度計の液の先を真横から見るようにします。液だめを持つと、手の温度が伝わって、正しくはかれないので、上のほうを持つようにしましょう。

- 目もり
- 液だめ
- 液の先

### 危険！
棒温度計は割れやすいので、落としたり、ぶつけたりしないように注意しましょう。

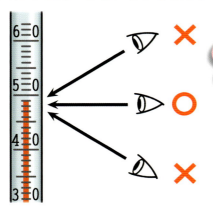

目もりを読むときは、液の先を真横から見る。

## もっと 使いこなそう！

棒温度計で液体の温度をはかるときには、コツがあります。

### 液体の温度をはかる

加熱中の液体の温度をはかるとき、液だめを入れ物の底や側面につけてはいけません。液だめが加熱器具で直接あたためられて、正しく液体の温度をはかれないからです。

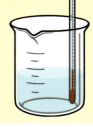

液の先が動かなくなったら目もりを読みとる。

## こんな道具もあるよ！

### 示温テープ

温度で色が変化するテープで、サーモテープともいいます。

**使い方** 温度をはかりたい液体に入れたり、固体にくっつけたりして使います。温度が高いほど、色がこくなるので、だいたいの温度がわかります。

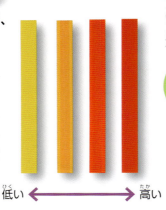

低い ⇔ 高い

### デジタル温度計

電気の力によって温度をはかる温度計です。

**使い方** 電源を入れて、温度をはかりたいものにプローブをさし入れると、数秒で温度が表示されます。マイナスの低温から高温まではかることができます。

- プローブ

株式会社エー・アンド・デイ

# はかる 気体検知管

空気中の二酸化炭素や酸素などの体積の割合をはかることができる道具です。注射器のような形をした、気体採取器という道具といっしょに使います。

### 使い方

①気体をポリぶくろなどに集め、しっかりと口を結びます。

②チップホルダで気体検知管の両はしを折ります。Ｇマークのあるほうにゴムカバーをつけて、反対側を気体採取器にさしこみます。

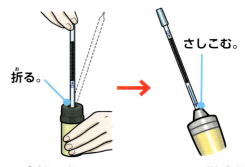

折る。 さしこむ。

③気体を入れたポリぶくろに、検知管の先を入れ、ハンドルについているしるしと採取器のガイドマークを合わせて、ハンドルを一気に引き、気体を吸いこみます。

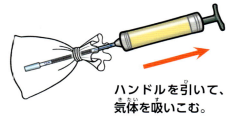

ハンドルを引いて、気体を吸いこむ。

④検知管の中の検知ざいの色が変わるまで待って検知管を取り外し、目もりを読みとります。

### 危険！

・気体検知管の折った部分で、けがをしないように気をつけましょう。
・酸素用の気体検知管は、気体を吸いこむと熱くなります。やけどをしないように気をつけましょう。

酸素用の気体検知管
ハンドル
気体採取器
チップホルダ
ゴムカバー

### もっと 使いこなそう！

気体検知管をうまく使うには、いくつかのポイントがあります。

### 上手な折り方

検知管をチップホルダの穴に入れたとき、回してまんべんなく傷をつけると、折りやすくなります。

ぐるっと回すようにして折る。

### 二酸化炭素用の気体検知管

二酸化炭素の体積の割合に合わせて、2種類を使い分けます。まず、0.5～8％用で調べて、色が変わらないときは、0.03～1％用を使います。

# はかる 検流計・電流計

回路に流れている電流について調べる道具です。検流計は、電流の大きさと向きを調べることができます。電流計は、検流計よりも大きな電流の大きさをくわしくはかることができます。

## 使い方

右の図のように、検流計を回路につなぎます。切りかえスイッチは「電磁石（5A）」にして、スイッチを入れます。針が動かないときは、切りかえスイッチを「モーターまめ電球（0.5A）」にして測定します。針の向きは、電流の向きを表します。

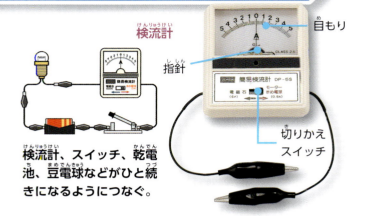

### 検流計

検流計、スイッチ、乾電池、豆電球などがひと続きになるようにつなぐ。

電流計は、左下の図のようにつなぎます。針のふれが小さいときは、一度スイッチを切ってから、500mAの－端子、50mAの－端子と、より小さい電流がはかれる－端子につなぎ変えます。

### 危険！

検流計や電流計は、乾電池に直接つないではいけません。一度にたくさんの電気が流れて、こわれてしまうからです。豆電球を回路に入れることで、一度にたくさんの電気が流れるのを防いでいます。

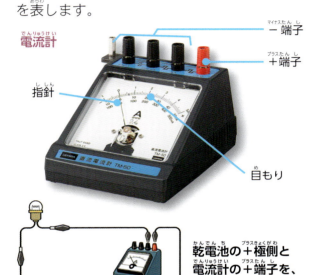

### 電流計

乾電池の＋極側と電流計の＋端子を、導線でつなぐ。

## こんな道具もあるよ！

### 電圧計

電気回路の電気を流そうとする力（電圧）をはかる道具です。

#### 使い方

回路の中で、電圧をはかりたいところをはさむようにして電圧計をつなぎます。乾電池の＋極側を電圧計の＋端子、－極側を300Vの－端子につないでスイッチを入れます。針のふれが小さいときは、一度スイッチを切り、より小さい電圧がはかれる－端子につなぎ変えます。

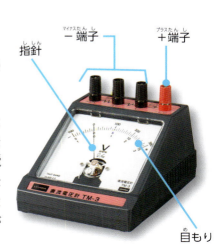

電圧をはかりたい部分をはさむようにして電圧計をつなぐ。

## はかる　はかり

ものの重さをはかる道具です。ほかのものと比べることで重さをはかるタイプと、ものを台にのせたときのしずみこみ方で、そのものの重さをはかるタイプがあります。

### 上皿天びん

ふたつのものの重さを比べたり、ものの重さをはかったりする道具です。ものの重さをはかるときには、分銅というおもりを使います。

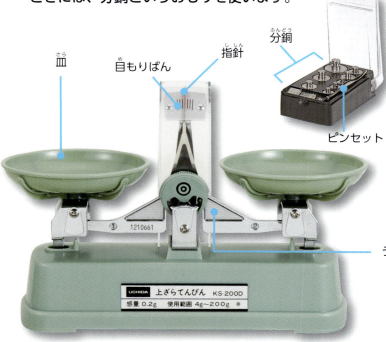

皿／目もりばん／指針／分銅／ピンセット／うで

#### 使い方

①分銅をはかり取りたい重さの分だけ、利き手と反対側の皿にのせます。

板の分銅はピンセットの先を下向きにしてつまむ。

板でない分銅は、ピンセットの先を上向きにしてつまむ。

②空いている皿に重さをはかり取りたいものを少しずつのせます。

③つり合うまで、重さをはかり取りたいものをのせ続けます。

④はかり終えたら、はかったものを先に下ろし、続いて分銅を重いものから順に下ろします。

### もっと使いこなそう！

上皿天びんは正しく使わないと、きちんと重さをはかれなくなってしまいます。ポイントをおさえて正しく重さをはかりましょう。

#### 重さがわからないものの重さを知る

利き手と反対側の皿に重さをはかるものをのせます。両方の皿に薬包紙をのせると、皿をよごさずに使えます。利き手側の皿に分銅をのせ、つり合ったら分銅の重さを確かめます。

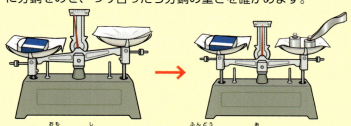

まず、重さを知りたいものをのせる。　　分銅をつり合うまでのせる。

#### ピンセットを使う

分銅は、手のあぶらや水分でさびると、重さが変わってしまい、正しくはかれなくなるので、かならず専用のピンセットで持ちます。

#### 平らな場所で使う

ななめになっている場所に上皿天びんを置いて使うと、正しく重さをはかれないので、かならず水平なところではかります。

## デジタルはかり

電気の力でものの重さをはかって表示するはかりで、デジタルスケールともいいます。0.1〜1g単位で重さをはかることができます。とくに精度の高いものを電子天びんといいます。

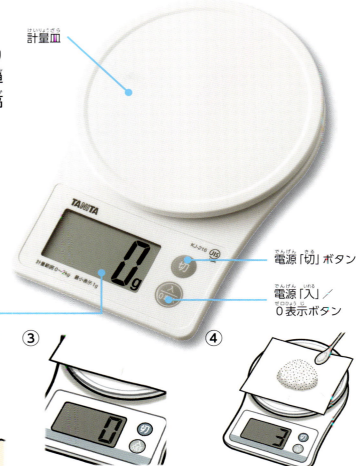

**使い方**　水平な台の上に置いて電源を入れ、薬包紙などをのせたあとに0表示ボタンをおします。表示が「0」になったら、薬包紙に重さをはかりたいものをのせて、表示を読みとります。

①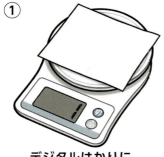
デジタルはかりに薬包紙をのせる。

②
0表示ボタンをおす。

③ 表示が「0」になっているのを確認する。

④
はかりたいものを薬包紙にのせ、表示を読みとる。

## 台ばかり

重さをはかりたいものをのせ、台のしずみこみ方から重さをはかる道具です。数kgまではかれる小さなものから、数トンまではかれる大きなものまであります。

**使い方**　水平な場所に置いて針の位置を確認します。調節ねじを回し、針を「0」の位置に合わせます。針が「0」を指したら、重さをはかりたいものをしずかにのせて、目もりを正面から読みとります。

調節ねじを回して針を「0」に合わせる。

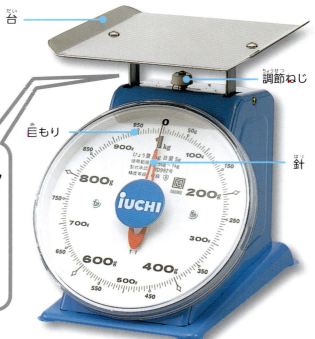

井内衡機株式会社　中型上皿はかり1kgT1

## 調べる 地球儀

球の形の上に、世界地図がえがかれている道具です。平面の地図とはちがって、地球の形をそのまま表しているので、きょりや方角のゆがみがありません。

### 使い方

地軸を中心に回転するつくりで、見たい場所や国などが見えるように回転させます。地球儀に入っているたての線（経線）や横の線（緯線）を見れば、東西南北の位置を確かめることができます。

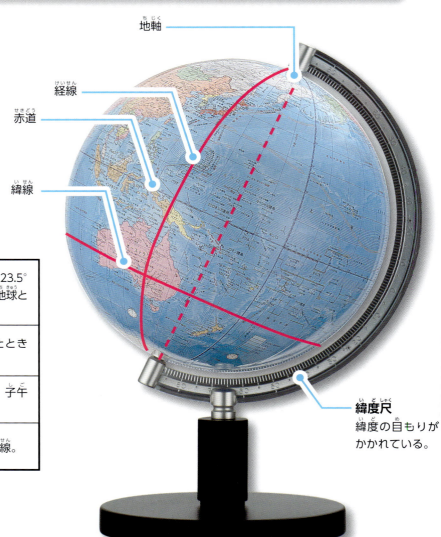

| | |
|---|---|
| 地軸 | 地球の回転の中心となる軸で、23.5°傾いている。地球儀も本物の地球と同じように地軸で回転する。 |
| 赤道 | 地球を北と南の半分に分けたときにちょうどまん中になる線。 |
| 経線 | 北極と南極を結ぶたての線。子午線ともいう。 |
| 緯線 | 赤道と平行に引かれる、横の線。 |

緯度尺　緯度の目もりがかかれている。

### もっと使いこなそう！

地球儀は、きょりや方角がゆがんでいないため、平面の地図と比べてみると、平面の地図がどれだけゆがんでいるかがわかります。

#### 平面の地図と比べる

地球儀の上で東京とイギリスのロンドンをひもで結ぶと、東京・ロンドン間の最短きょりとなるルートがわかります。このルートを平面の地図にかくと遠回りしているように見え、平面の地図がゆがんでいることがわかります。

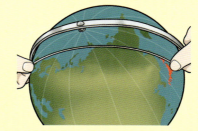

地球儀の上で東京とロンドンをひもで結ぶと、最短のルートがわかる。

最短のルートを平面の地図にかくと、遠回りしているように見える。

調べる

#  地図

世界や日本などを平面にかいた図です。球を平面にのばしているため見やすいですが、赤道から北や南にはなれればはなれるほど、ゆがみが大きくなります。

日本地図

## 使い方

地図には、本当のきょりと比べて、どれくらい小さいのかが、かいてあります。それを、縮尺といいます。たとえば、220万分の1の地図で、2地点間のきょりを知りたいときは、定規ではかり、その長さを220万倍すればわかります。

**縮尺記号**
1：100,000 （1km = 1cm） 5km

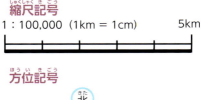

左の図の場合、地図上で5cmの長さの実際のきょりは、5kmになる。

**方位記号**

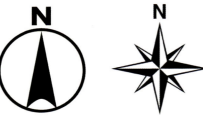

地図には、方位を示す記号がかかれています。いちばん目立つ形の向きや、「N」とかかれている向きが「北」です。

## もっと 使いこなそう！

球の形をしている地球を、平面に表すと、かならずゆがみがでます。そのため、用途に合わせていろいろな種類の地図があります。

### いろいろな世界地図の図法

**メルカトル図法でかかれた世界地図**

南極と北極に近づくほど、ゆがみが大きくなる。方角が正しく表されるため、航海によく使われていた。

**モルワイデ図法**

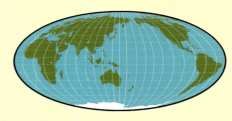

北極と南極の近くで、ゆがみが小さくなるようにかく図法。メルカトル図法でかかれた世界地図と、南極の大きさを比べてみよう。

**正距方位図法**

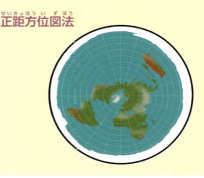

図の中心（左の図の場合は北極）からのきょりと方角を、正確に表すことができる図法。飛行機の航路を表すときなどに使われる。

27

## 調べる リトマス紙

リトマス試験紙ともいいます。赤色のものと青色のものがあり、液体が中性、酸性、アルカリ性のどの性質をもっているかを、調べることができます。

### 使い方

ガラス棒を使って、調べたい液体をリトマス紙の上に少しだけたらします。青色リトマス紙は酸性の液体につけると赤くなり、赤色リトマス紙はアルカリ性の液体につけると青くなります。どちらも色が変わらない場合は、中性です。使い終わったら、暗くてすずしいところで保管します。

青色リトマス紙
赤色リトマス紙

安積濾紙株式会社

### リトマス紙の色の変わり方

| | 酸性 | | 中性 | | アルカリ性 | |
|---|---|---|---|---|---|---|
| 赤色 | | 変わらない | | 変わらない | | 青くなる |
| 青色 | | 赤くなる | | 変わらない | | 変わらない |

### もっと使いこなそう！

リトマス紙は、ちょっとしたことで反応して色が変わってしまうので、正しく使わないと、液体の性質をきちんと知ることができません。

#### ピンセットを使う

手でリトマス紙に直接さわると、汗などに反応して、色が変わってしまうことがあります。かならずピンセットで持ちます。

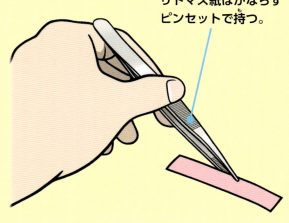

リトマス紙はかならずピンセットで持つ。

#### ガラス棒を洗う

調べる液体に別の液体が混ざると、正しく性質を知ることができません。ガラス棒は、調べる液体を変えるたびに、水で洗います。

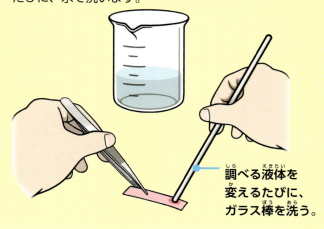

調べる液体を変えるたびに、ガラス棒を洗う。

# 調べる 方位磁針

地球が大きな磁石であることを利用して、方角を調べる道具です。方位磁石、コンパスなどともいいます。電気の力で動く電子コンパスもあります。

## 使い方

方位磁針を水平な場所に置くと、磁針が動いて赤いほう（N極）は北を、反対側（S極）は南を指します。針のふれが止まったら、文字ばんをゆっくり回して、N極と文字ばんの「北」の文字を合わせ、知りたい方角の方位を読みとります。手で持って方角を調べる場合も、方位磁針ができるだけ水平になるように持ちます。

磁針（N極）

文字ばん

S極

調べたい方角

## もっと使いこなそう！

方位磁針で方角を調べるときには、まわりに磁石がないことがポイントです。また、もし方位磁針がくるってしまっても直す方法があります。

### 磁石のない場所で使う

強い磁力がはたらいている場所や、建物の中などでは正確に方角がはかれないことがあるので、屋外で周囲に磁石や鉄などがない場所ではかるようにします。

建物や車（鉄）からはなれたところで方角をはかると正確になる。

### くるったときは

くるってしまったときは、方位磁針のN極に磁石のS極を近づけると、磁力がもどって使えるようになります。

磁石の磁力によって、正しい方位を示すようになる。

29

# 見る 顕微鏡

肉眼では見えないほど小さなものを、拡大して見る道具です。光を使ってものを見るので、光学顕微鏡ともいいます。学校では、ふつうは300倍ぐらいに拡大する顕微鏡が使われます。

## 顕微鏡

接眼レンズと対物レンズのふたつのレンズを使っていて、対物レンズを変えることで、ちがった倍率で見ることができます。

### 使い方

①直接日光のあたらない、水平な場所に置く。
②レボルバーを回して、対物レンズをもっとも低い倍率にします。
③接眼レンズをのぞきながら反射鏡で光の量を調節し、プレパラート（見たいものをはさんだガラス板）をステージにのせます。

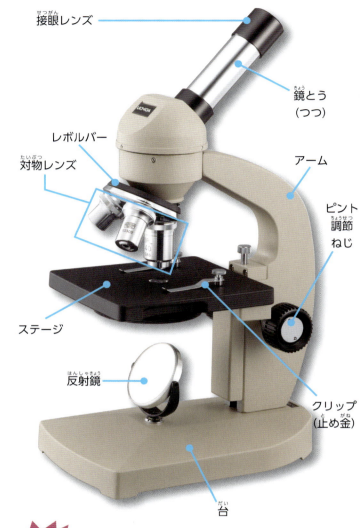

いちばん明るくなるように、反射鏡の角度を調整する。

④横から見ながらピント調節ねじを回して、ステージをいちばん上まで上げます。接眼レンズをのぞきながらステージを下げて、ピントを合わせます。
⑤倍率を上げるときには、レボルバーを回して倍率の高い対物レンズにし、④をくり返します。

レボルバーを回転させることで、倍率を変えることができる。

### 危険！

接眼レンズをのぞきながら対物レンズとステージを近づけると、レンズでプレパラートを割ってしまうことがあります。かならず横から見ながら近づけましょう。

接眼レンズをのぞきながら、対物レンズとステージを近づけると危険。

## 解ぼう顕微鏡

生き物などを解ぼうしながら観察するための顕微鏡です。倍率は低いですが、ステージの上で解ぼうなどの作業がしやすい形になっています。

**使い方**
まず、反射鏡を動かして明るさを調節します。次に、観察するものをステージに置き、接眼レンズをのぞきながら調節ねじでレンズを遠ざけ、ピントを合わせます。ピントが合ったら、ステージで解ぼうなどの作業をします。

ひじかけ板 / 調節ねじ / 接眼レンズ / ステージ / 反射鏡

## 双眼実体顕微鏡

接眼レンズがふたつあるため、観察するものが立体的に見える顕微鏡です。厚みのあるものや、立体的なものを観察するのに向いています。

**使い方**
接眼レンズをのぞきながら、視野がひとつになるようにプリズムボックスを動かします。右目だけでレンズをのぞいてピント調節ねじでピントを合わせ、次に左目だけでのぞいて視度調節リングで左目のピントを合わせます。

接眼レンズ / 視度調節リング / プリズムボックス / ピント調節ねじ / 対物レンズ / クリップ（止め金）/ ステージ

## モニターつき顕微鏡

通常の顕微鏡と同じように使うことができますが、顕微鏡で見ているものをモニターにうつすことができるので、ふたり以上で観察することができます。

**使い方**
ふつうの顕微鏡と同じように、ステージに観察したいものをのせ、対物レンズとステージのきょりをはなしながらピントを合わせます。レンズで見ているものは、モニターにもうつるので、たくさんの人が同時に観察できます。

モニター / 接眼レンズ / レボルバー / 調節ねじ / 対物レンズ / ステージ / ライト

見る

# 双眼鏡

双眼鏡は、遠くのものを観察する道具です。望遠鏡よりやや倍率は低いですが、コンパクトで手軽に持ち運ぶことができるので、屋外での自然観察によく使われています。

### 使い方

①目のはばと接眼レンズのはばを合わせます。
②左目だけで景色を見ながら、ピント調節リングを回してはっきり見えるようにピントを合わせます。
③右目だけで景色を見ながら、視度調節リングを回してピントを合わせます。
④景色がぼけているときは、両目でのぞきながらピント調節リングでピントを合わせます。

#### 危険!

・双眼鏡で太陽をのぞくと、目をいためてしまいます。太陽を絶対に見てはいけません。
・精密機器なので、落としたり、ぶつけたりしないように気をつけましょう。

視度調節リング / 接眼レンズ / ピント調節リング / 対物レンズ

## もっと使いこなそう!

双眼鏡は、さまざまな倍率のものがあります。しかし、高い倍率だとよく見える、というわけではありません。目的に合った双眼鏡選びがポイントです。

### 倍率で使い分ける

倍率が高いと、見たいものを大きく見られます。しかし、その分ぶれやすかったり、見たいものを見つけにくかったり、視界が暗くなったりします。そのため、目的に合った倍率のものを選んで使いましょう。手に持って使う場合、倍率7〜10倍ぐらいが適しています。

**高い倍率の場合**
見たいものは大きく見えるが、視界が暗く、ぶれやすい。

**低い倍率の場合**
見たいものは小さくしか見えないが、視界が明るく、ぶれにくい。

見る

# 虫めがね

小さなものを拡大して見る道具です。顕微鏡ほど拡大することはできませんが、じょうぶで小さく、持ち運びがかんたんなので、屋外でも手軽に使うことができます。

**使い方**

虫めがねを目の前に持って、拡大して見たいものを近づけたり、遠ざけたりしながらピントを合わせます。また、見たいものを動かしにくい場合には、虫めがねを近づけたり、遠ざけたりしながらピントを合わせます。

**危険！**

- 落としたりぶつけたりすると、傷がついたり、割れたりして危険なので、気をつけましょう。

- 虫めがねで太陽を見ると、目をいためてしまいます。太陽を絶対に見てはいけません。

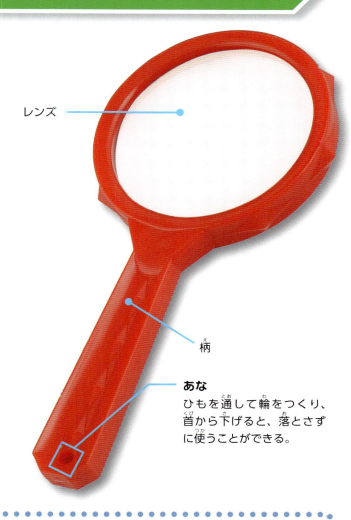

レンズ

柄

あな
ひもを通して輪をつくり、首から下げると、落とさずに使うことができる。

## こんな道具もあるよ！

### レンズが複数ついている虫めがね

虫めがねには、数枚のレンズがついているタイプがあります。レンズの重ね方を変えることで、倍率を変えることができます。

**使い方**

虫めがねと同じように、見たいものを近づけたりはなしたりしながらピントを合わせます。倍率を上げたいときは、2枚、もしくは3枚のレンズを重ねて見ます。

レンズ

33

見る

# 保護めがね

実験や工作などで、薬品やものの破片などが目に入るのを防ぐ道具です。ふつうのめがねのように耳にかけるスペクタクル型と、目のまわりにすき間ができないゴーグル型があります。

**使い方**

ものが飛びそうな作業をするときにかけます。スペクタクル型の場合は、両はしについているつるを、ふつうのめがねと同じように耳にかけて使います。ゴーグル型は、両はしについているストラップに頭を入れて、保護めがねが動かないように調整して使います。

## もっと使いこなそう！

保護めがねは、きちんと手入れをしておくと長く使うことができます。

### きちんと洗ってしまう

レンズがくもってしまうことがあるので、使い終わったら、水で軽く洗い、やわらかい布でふいてからしまいましょう。

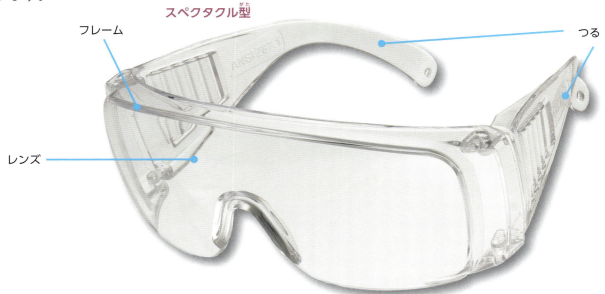

スペクタクル型
- フレーム
- つる
- レンズ

## こんな道具もあるよ！

### しゃ光板

太陽を直接見ると、目をいためてしまうことがあります。そのため、太陽を見るときには、光を弱めるしゃ光板を使います。

**使い方**

太陽の方向や高さを調べるとき、目の前にかざし、フィルター部分を通して太陽を見ます。

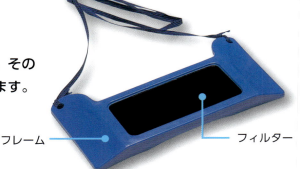

- ひも
- フレーム
- フィルター

見る

# 星座早見

星や星座を見るときに使います。北半球と南半球では、見られる星がちがうので、北半球用と南半球用があります。日本で星を観察するときは、北半球用の星座早見を使います。

株式会社渡辺教具製作所　星座早見 No.1101（和文）

### 危険！

- 星空の観察は、かならず大人といっしょに出かけ、見通しのいい安全な場所でおこないましょう。
- 暗い場所で使う場合は、かい中電灯を持って行きましょう。

星空の観察は、かい中電灯を持って、大人といっしょに行く。

## 使い方

7月7日の20時の場合
①月日と時間の目もりを合わせます。

②方位磁針で方角を確かめます。

北の空を見るとき
③見たい方角を下にして持ちます。

④星座早見と見比べて、星を観察します。

## もっと使いこなそう！

星を見分けるのはかんたんではありませんが、いくつかのポイントをおさえるとわかりやすくなります。

### 北の空の観察

北の空を見るときは、ほとんど動かない北極星をまず見つけます。北の方角にからだを向けてうでをのばしたら、こぶしをつくります。北極星は、北の地平線からこぶし3個半（北海道は4個半、沖縄県は2個半）分の高さに見えます。

北極星

### 南の空の観察

南の空を見るときは、夏はさそり座、冬はオリオン座を手がかりにして、ほかの星座もさがしましょう。

さそり座

オリオン座

# 熱する ガスバーナー

ガスを燃やして、ものを加熱するための道具です。火力が強くてあつかいやすいのが特ちょうで、水などを熱するさまざまな実験などに使われます。

- 円とう
- 空気調節ねじ
- コック
- ガス調節ねじ

## 使い方

① ガスと空気の調節ねじが回るかどうか確かめて、軽く閉めます。
② ガスの元せんとガスバーナーをホースでつなぎ、元せん→コックの順で開きます。
③ マッチの火を近づけ、ガス調節ねじを少しずつ左に回して開きながら火をつけます。
④ 空気調節ねじを回して、火が青くなるように調節します。
⑤ 消すときには、空気調節ねじ→ガス調節ねじの順に回して火を止め、最後にコックと元せんを閉めます。

### 危険！

- ガスには、都市ガスやプロパンガスなどがあります。ガスバーナーを使うときは、どのガスを使用するのかをかならず確かめ、決められた種類以外は使わないようにしましょう。
- 火が消えても、ガス調節ねじが開いていると、ガスが出続けるので、火をふき消したりしてはいけません。また、火を消したあとも、ガスバーナーの先端は熱いので、さわらないようにします。

## もっと使いこなそう！

ガスバーナーの火が正しい色になっていれば、安全に使うことができます。火の色に注意するようにしましょう。

### 火の調節のしかた

空気が少ないと、火が黄色くなります。火が黄色いときは、空気調節ねじを開け、空気の量を増やし、青い火の中に白っぽい三角形が見えるように調節します。

空気が少ない火。

ちょうどよい火。

### 火が緑色になったら

ガスバーナー全体が高温になると、火が緑色になります。火が緑色になったら、一度火を消して冷やしましょう。

火が緑色になってる！消さなきゃ！

## 熱する

# アルコールランプ

しんをつたってしみ出したアルコールを燃やし、さまざまなものを加熱する道具です。持ち運びやすく、ガスバーナーのようにガスの元せんにつなぐ必要もないので、手軽に使えます。

- しん
- えん口
- 本体
- アルコール
- ふた

### 使い方

①アルコールの量を確かめ、少ないときには足しておきます。アルコールの量は、8分目ぐらいが目安です。

②ふたを開け、マッチの火を、しんの横から近づけて火をつけます。

③消すときには、ふたを横からかぶせます。火が消えたら一度ふたを取り、じゅうぶんに冷めてから再びかぶせます。

### 危険！

- 本体が割れて、アルコールがもれていると、火をつけたときにまわりのものに火がうつることがあるので、気をつけましょう。
- 火をつけるときに、ほかのアルコールランプの火を使うとアルコールがこぼれやすくなります。かならずマッチを使いましょう。

### もっと使いこなそう！

アルコールランプでものを上手に熱するには、しんの長さや、使うアルコールの種類に気をつけましょう。

#### しんの長さを調節する

アルコールランプは、しんが長すぎても短すぎても、うまくものを熱することができません。火をつける前に、しんの長さを調節しましょう。

短すぎる。　ちょうどよい。　長すぎる。

#### アルコールの種類を確認する

アルコールには、いろいろな種類があります。燃料には、決められた種類の燃料用アルコールを使うようにしましょう。

かならず燃料用のアルコールを使用する。

# 熱する ガスコンロ

家庭や理科の授業などで、ものを熱するときに使います。アルコールランプやガスバーナーよりもあつかいやすく、火の調節もかんたんなのが特ちょうです。

- バーナーヘッド
- ごとく（容器などをのせる部分）
- 容器カバー（中にガスボンベを入れる部分）
- 点火つまみ

## 使い方

① 点火つまみが「消」になっていることを確かめ、ガスボンベをセットします。
② 点火つまみを「カチッ」と音がするまで回し、火がついたのを確認して手をはなします。
③ 点火つまみを回して火の大きさを調節します。
④ 火を消すときは、点火つまみを「消」にもどします。

### 危険！

- 火をつける前にガスボンベが取りつけられているか、まわりに燃えやすいものがないかなどを、しっかりと確かめましょう。
- 点火つまみを回して火がつかなかった場合でも、ガスは出ています。かならず、点火つまみを「消」にもどしましょう。

## もっと使いこなそう！

ガスコンロの火をうまく調節すると、ものを速く加熱できたり、ガスの節約ができたりします。

### 火の調節のしかた

点火つまみの位置によって火の大きさが変わります。火の大きさは、あたためたい容器の大きさや、あたためる速さに合わせて調節しましょう。

**弱火**
なべなどの底に火がつかないくらいの火力。

**中火**
なべなどの底に火の先がふれるくらいの火力。

**強火**
なべのふちから火が出ないくらいの火力。

熱する

# 電熱器

電気の力でものを熱する道具です。熱する力は、ガスに比べて弱いですが、ガスがない場所でも、電気が通っていれば使うことができるため、便利です。

ヒーター

電源コード

切りかえスイッチ

### 使い方

①電源プラグを、コンセントにさしこみます。
②使いたい強さを選び、切りかえスイッチを回して、ヒーターをあたためます。
③消すときは、切りかえスイッチを回して「切」の位置にもどします。

### 危険！

・ヒーターはとても熱くなるので、電源を切っても、しばらくはさわらないように気をつけましょう。
・火を使っていなくても火事の原因になります。燃えやすいものを、まわりに置かないようにしましょう。

### もっと使いこなそう！

電熱器の電源コードがいたんでいたりすると、電熱器がうまく使えないだけでなく、火事の原因となることもあります。

#### コードをチェック

電熱器の電源コードは、電気を通しやすい素材でできた導線を、電気を通さない素材でコーティングしています。古くなったり、傷がついたりすると、導線がむき出しになることがあります。むき出しになった電源コードは、感電や、火事などの原因になります。

電熱器を使う前には電源コードに傷がないかチェックする。

電源コードを束ねたままだと熱が出ることがあるので、ほどいて使う。

# 熱する アイロン

服などのしわをとる道具です。熱したかけ面を布などにおしつけ、熱で布をやわらかくして、しわをのばします。スチーム（水蒸気）を使って布をよりやわらかくするものもあります。

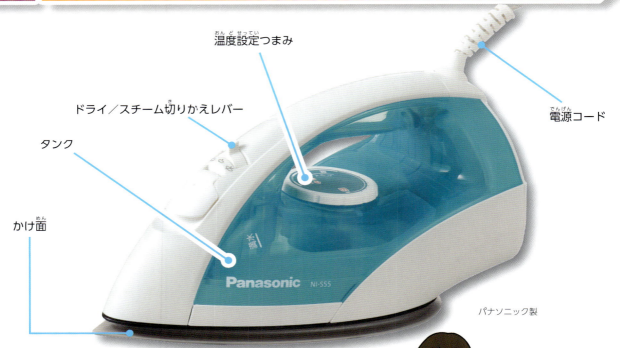

- 温度設定つまみ
- ドライ／スチーム切りかえレバー
- タンク
- かけ面
- 電源コード

パナソニック製

## 使い方

かけ面がゆかにつかないように立てた状態で、電源プラグをコンセントにさしこみます。温度設定つまみで温度を設定し、かけ面が熱くなるまで待ちます。アイロンをかけるものを、しわができないようにアイロン台の上に広げます。かけ面を布におしつけ、新しいしわができないように気をつけながらアイロンを動かします。

アイロンを持っていないほうの手で、しわをしっかりのばす。

アイロン台

## もっと使いこなそう！ スチーム機能を使ってみよう。

### スチームを上手に利用

スチーム機能があるアイロンの場合、スチームを使いながらアイロンをかけると、スチームで布がやわらかくなり、きれいに仕上げることができます。

### 危険！

- かけ面はとても熱くなるので、電源が入っているあいだはもちろん、電源を切ってからも冷めるまでは、さわらないようにしましょう。
- スチームはとても熱いので、スチームを使う場合はやけどに注意しましょう。

## 熱する はんだごて

はんだという、なまりとすずの合金を、熱でとかして、金属どうしを接着させる道具です。温度が低くなるとはんだがかたまり、接着した部分が電気を通すようになります。

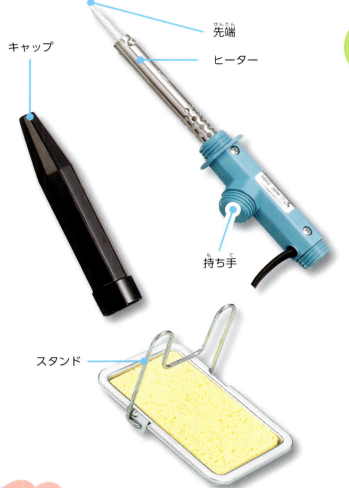

キャップ / 先端 / ヒーター / 持ち手 / スタンド

### 使い方

① 電源プラグをコンセントにさしこみ、ヒーターが熱くなったらスタンドから取り上げます。

② 接着させたい部分にはんだごての先をおしつけ、接着したい部分が熱くなるまで待ちます。

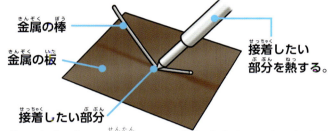

金属の棒 / 金属の板 / 接着したい部分 / 接着したい部分を熱する。

③ はんだごての先端に、はんだをおしつけてとかします。

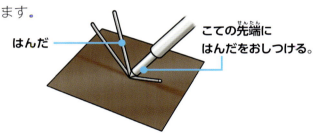

はんだ / こての先端にはんだをおしつける。

④ はんだが接着したい部分に流れこんだら、その部分からはんだごてをはなし、冷めるのを待ちます。

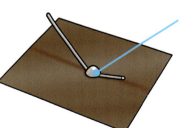

はんだがこんもりしたら完成。

### もっと使いこなそう！

はんだはきれいにつけないと、はずれやすくなります。きれいにつけるコツを見てみましょう。

#### きれいにつける

くっつけるものとくっつけられるものの温度に差があると、とかしたはんだは、熱いほうで広がります。どちらもしっかり熱してからつけましょう。

どちらも熱い。

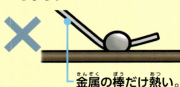
✕ 金属の棒だけ熱い。

✕ 金属の板だけ熱い。

### 危険！

- ヒーターはとても熱くなります。使っている最中だけでなく、使い終わってからも、冷めるまでさわらないようにします。
- はんだごてを置くときは、熱いヒーター部分がゆかなどにつかないように、かならずスタンドを使います。

## 火をつける マッチ

火をつけるときに使う道具です。マッチの先端にある頭薬の部分を箱の側面の側薬にこすりつけることで、まさつによって火がつきます。

### 使い方
利き手の人さし指、中指、親指でマッチのじくを持ち、もう一方の手で箱を持ちます。次に、マッチの先端の頭薬を、手前から向こう側に向けて、箱の側面にある側薬にこすりつけて、火をつけます。

**危険！**
火事にならないように、マッチを使うときには、水を入れたかんや灰皿を用意しておきます。使い終わったマッチは、この中に入れ、完全に消火してから捨てましょう。

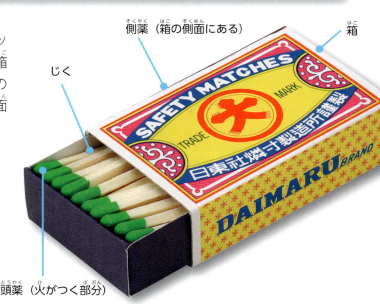

側薬（箱の側面にある）／箱／じく／頭薬（火がつく部分）

### もっと使いこなそう！
マッチを安全に使うには、火をつけたあとの持ち方が重要です。どのような持ち方をすれば安全に使えるでしょうか。

**マッチの向きを考える**
火がついたマッチは、持ち方によって燃え方が変わります。火が大きくなりすぎない持ち方を意識して安全に使いましょう。

 **上向き** 火は小さく、すぐに消える。

 **ななめ上向き** 火はあまり大きくならない。

 **ななめ下向き** 火が大きくなりやすい。

 **下向き** 火が大きくなり、危険。

### こんな道具もあるよ！

#### 点火用ライター
ガスに点火することで火をつける道具です。

着火部分／点火スイッチ／火力調節スイッチ／本体

**使い方**
本体部分をにぎり、点火スイッチをおすことで、火がつきます。火を強くしたり弱くしたりしたいときは、火力調節スイッチで調節します。

株式会社東海 チャッカマン

#### ろうそく
点火することで、あかりや、ほかのものに火をつけるのに使います。

しん／ろう

**使い方**
マッチやガスライターでつけた火を、横からろうそくのしんに近づけて、火をつけます。一度火をつけると、ろうがなくなるまで燃え続けます。

## 火を消す　消火器

火事などのときに火を消すための道具です。消火器の中には火を消すための薬ざいが入っていて、それをふきつけることで、火を消すことができます。

### 使い方

黄色の安全ピンを抜き、ホースを本体からはずします。ホースの先のノズルを持って、火に向けてから、レバーを強くにぎります。白い中身（消火ざい）が出はじめたら、消火ざいを火元の手前から奥のほうに向かって動かしながらふきつけます。

安全ピン／レバー／本体／ホース／ノズル

### 危険！

ホースのとちゅうを持つと、ねらいを定めにくいだけでなく、ホースが動いて危険です。消火器は、かならずノズルの部分を持って使いましょう。

## もっと使いこなそう！

消火器で火を消すためには、ふたつのポイントがあります。ポイントをおさえて、安全に、確実に火を消しましょう。

### 風上からふきつける

風上からふきつけると、火をあびないので安全なうえ、消火ざいを効率よくふきつけることができます。

風向き

消火器は風上からふきつけると、より確実に火を消すことができる。

### 下に置いて使う

消火器が重い場合には、下に置いて使うと、ねらいどおりに消火ざいをふきつけられます。

## 入れる フラスコ

理科の実験で、さまざまな液体を混ぜたり、気体を発生させたりする容器です。熱や圧力に強く、加熱に適している丸底フラスコ、ものを混ぜるのに使う三角フラスコなどがあります。

### 使い方

液体を混ぜるときには、フラスコの中に混ぜ合わせたい液体を入れて、首の部分を持って、静かに回すようにふります。加熱するときには、専用のスタンドに固定し、アルコールランプやガスバーナーなどで底を加熱します。

### 危険！

- 三角フラスコは、熱や圧力に弱いため、加熱する実験などには、使わないようにしましょう。
- 使う前には、ひびが入っていたり、かけたりしていないか、しっかり確かめましょう。
- 手で持ったままで加熱しないようにしましょう。

丸底フラスコ　三角フラスコ　口　首　底

### もっと使いこなそう！

ふっとう石を使うことで安全に加熱することができます。洗いにくい形をしていますが、きれいに洗うコツがあります。

**加熱するときはふっとう石を使う**

液体を加熱すると、とつ然ふっとうして、フラスコが割れることがあります。あらかじめふっとう石を入れておくと、とつ然のふっとうを防ぐことができます。

ふっとう石

**上手な洗い方**

外側はスポンジ、中は洗じょう用ブラシで洗います。よごれが取れにくいときは、ちぎった紙と洗ざい、水を入れて、口をふさいでふるときれいになります。

### こんな道具もあるよ！

**ビーカー**

目もりがついたガラス容器で、実験や料理に使います。

**試験管**

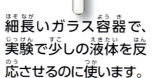

細長いガラス容器で、実験で少しの液体を反応させるのに使います。

**蒸発皿**

液体を入れて加熱し、蒸発させるのに使う皿です。

**注射器**

少量の液体を吸い上げたり、出したりするのに使う道具です。

## 入れる ボウル・ざる

調理に使う、深さのある半球形の道具です。ボウルは、材料を混ぜ合わせたり、食材をつけこんだりするのに使います。ざるはおもに、食材などの水をきるのに使います。

**使い方**
ボウルは、中に混ぜ合わせる食材を入れ、一方の手でふちをしっかりと持ち、もう一方の手やスプーンなどで中の食材をまんべんなくかき混ぜます。
ざるは、洗った食材などを入れ、上下や左右にゆすると水をきることができます。

ざるにぬれた食材などを入れ、上下左右にふると水がきれる。

### こんな道具もあるよ！

#### フライパン

食材を入れて加熱するための道具です。いためたり、焼いたりするのに適しています。

**使い方**
こげつかないように油を入れて加熱し、熱くなってきたら食材を入れていためたり、焼いたりします。

#### なべ

食材を入れて加熱するのに使います。深さがあるため、にたり、ゆでたりするのに適しています。

**使い方**
食材と水、調味料などを入れて、火にかけます。熱や水分をにがさないように、ふたをして使います。

## かく　えんぴつ

文字や絵をかくための道具です。黒鉛という物質とねん土を焼きかためたしんを木でつつんであります。黒鉛が紙の表面につくことで、字や絵をかくことができます。

**かたさ**
Hは、しんがかたく、色がうすい。Bは、しんがやわらかく、色がこい。数字が大きいほど、それぞれの特性が強い。

しん

**使い方**
字をかくときは、背筋をのばして座り、少しわきを開けてうでを八の字にしてえんぴつを持ちます。しんが丸くなったら、えんぴつけずりや小刀を使ってけずり、しんをとがらせて使います。えんぴつが短くなったら、けずっていないほうの先にキャップや補助軸をつけて持ちやすくし、大切に使いましょう。

**持ち方**
人さし指と親指でつまむように持ち、中指の第一関節をそえます。

人さし指、親指、中指の3本を使って持つ。

**危険！**
えんぴつの先はとがっているので、ささるとけがをすることがあります。人に向けないようにしましょう。

### こんな道具もあるよ！

**チョーク**

黒板に文字や図をかくための道具です。白のほかに赤や黄、青などがあります。

**消しゴム**

えんぴつでかいた文字などを消すための道具です。文字などをこすると消せます。

**ノート**

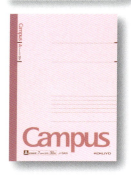

えんぴつなどで、文字をかきこむ道具です。さまざまな種類があります。

## かく

### 毛筆

習字のときに、字をかくための道具です。固体のすみをすずりですってつくった黒い液や、ぼくじゅうを毛筆の筆先につけて、半紙などに字をかきます。

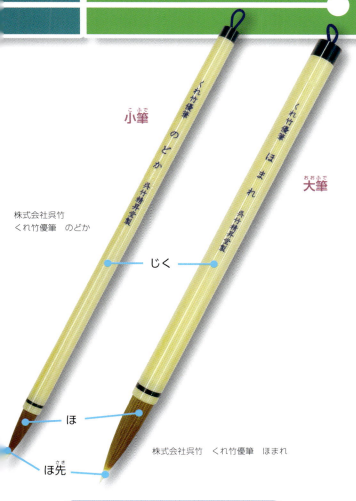

小筆
株式会社呉竹　くれ竹優筆　のどか

大筆
株式会社呉竹　くれ竹優筆　ほまれ

じく
ほ
ほ先

**使い方**

水といっしょにすみをすずりですって、黒い液をつくります。ぼくじゅうは、そのまますずりに入れて使います。筆先にすみ、もしくはぼくじゅうをつけて文字をかきます。

**持ち方**

親指と人さし指、中指の3本の指でつまむように持つ持ち方と、親指と人さし指でつまみ、中指を横にそえる持ち方があります。

大筆を持つときは、親指と人さし指、中指の3本の指でつまむ。

小筆を持つときは、親指と人さし指でつまみ、中指を横にそえる。

### こんな道具もあるよ！

### すみ、ぼくじゅう

すみは、書道で文字をかくための黒い液をつくるための道具です。ぼくじゅうは、そのまま使える黒い液です。

すみ
株式会社呉竹　香蘭

ぼくじゅう
株式会社呉竹　ふで思いなぼくてき

**使い方**

すみを使う場合には、すずりに水を少し入れてすみをすり、黒い液をつくります。すずりに対してななめにする方法と、まっすぐに立ててする方法があります。あまり力を入れず、時間をかけてすります。

ななめにすると、すずりとくっつく面積が広く、速くすることができる。

まっすぐにすると、するスピードはおそいが、すみの形をきれいなままにできる。

## はる のり・接着ざい

ものとものをくっつけたいときに、くっつけたい面にぬってはりつける道具です。くっつけるものの材質によって、さまざまな種類のものを使い分けます。

**でんぷんのり**
おもに紙に使う。

**スティックのり**
おもに紙に使う。

**木工用接着ざい**
おもに木や紙に使う。

**化学接着ざい**
おもにプラスチックに使う。

**瞬間接着ざい**
プラスチックや金属、ゴムなどさまざまなものに使う。

### 使い方

さまざまな種類があるため、はり合わせるものの材質に合わせたものを選びます。はり合わせたい面のどちらか、もしくは両方にぬってはり合わせ、かわくのを待ちます。かわくとかたくなり、はり合わせたものどうしがくっつきます。

### 危険！

瞬間接着ざいは、からだや服につかないように注意しましょう。もし、指と指がくっついてはなれなくなったときは、無理にはがそうとせずに、水の中でもみながら、少しずつはがしましょう。

## もっと 使いこなそう！

のりや接着ざいは、使い方によってくっつき方が変わります。ちょっと工夫して、しっかりとくっつけましょう。

### さまざまなくっつけ方

化学接着ざいは、うすくぬってしばらく時間をおき、かわいてきたときにくっつけると、しっかりとつきます。また、木工用接着ざいは、かわくまではがれやすいので、洗たくばさみなどではさんでおくと、しっかりとつきます。

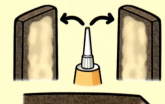

化学接着ざいは、はりつけたいものどうしの両方にぬってはりつける。

木工用接着ざいは、かわくまで洗たくばさみなどではさんでおく。

# はる ねん着テープ

セロハンや紙、布などの表面にねん着ざいがついていて、さまざまなものをはり合わせるときに使う道具です。

## セロハンテープ

セロハンにねん着ざいがついているテープです。とう明なので、紙やノートがやぶれたときに、文字の上からでもはりつけることができます。

**使い方** 巻物のように巻きつけられているテープをはがして、必要な長さに切りとり、くっつけたいものの上にはりつけます。

## 両面テープ

テープの両面にねん着ざいがついています。ものとものとのあいだにはさんで、くっつけることができます。

**使い方** テープを必要な長さに切って、くっつけたいものの一方にはりつけます。表面にはられているはくり紙をはがし、もう一方のくっつけたいものをはりつけます。

## クラフトテープ

茶色い紙にねん着ざいをぬった、はばの広いテープです。段ボールをはり合わせるのによく使われます。

**使い方** 使う長さで切って使います。手でもかんたんに切ることができますが、カッターやはさみで切ったほうが、切り口がきれいになります。

クラフトテープ

**布ねん着テープ**
布にねん着ざいをぬった、より強度の高いテープ。

## ぬう ミシン

上糸と下糸という2本の糸を引っかけながらぬう道具です。まっすぐぬうだけではなく、ジグザグにぬったり、布のふちがほつれるのを防ぐかがりぬいをしたりすることができます。

- はずみ車
- スピード調節つまみ
- スタート／ストップボタン
- 補助テーブル
- おさえ
- ぬい目長さ調節つまみ
- 返しぬいボタン

singer school mate / SM10

### 使い方

電源が切れていることを確認して、針を取りつけ、上糸と下糸をセットします。おさえを上げて布を置き、はずみ車を回して針を布にさします。おさえを下げて、ぬいはじめます。ぬう方向を変えるときは、針が布にささった状態でおさえを上げます。向きを変えたら、おさえを下げて、再びぬいはじめます。

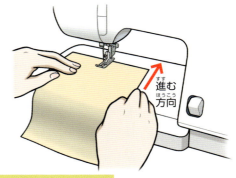

進む方向

補助テーブルの上の布を両手でおさえ、奥におすようにしてぬう。

### もっと 使いこなそう！
ミシンは、目的に合わせたぬい方ができます。

**いろいろなぬい方をする**

多くのミシンには、さまざまなぬい方ができる機能がついています。目的に合ったぬい方をすれば、さらにきれいに、じょうぶに仕上げることができます。

**直線ぬい**

一般的なぬい方で、強く、きれいなぬい目が特ちょう。

**ジグザグぬい**

布がほつれないように、はしをぬうときなどに使う。

### 危険！

- 電源プラグをコンセントにさしこんだ状態で、ミシンからはなれないようにしましょう。
- 電源を入れたまま、針を取りかえないようにしましょう。
- ぬっているときに、針のそばに手や指を持っていかないようにしましょう。

| ぬう | # ぬい針 | 布を手でぬうときに使います。頭の部分に開いている小さな穴に糸を通してぬうことで、糸で布と布をぬい合わせます。ぬう布の種類によって、さまざまな種類のぬい針があります。 |

**使い方**

穴に糸を通して、布から糸が抜けないように、糸のはしを結びます。なみぬいや、返しぬいなどのぬい方でぬうことができます。

### なみぬい

上から

横から

針を布の表、うら、表、うら……と交互にさしてぬう。すばやくぬうことができる。

### 返しぬい

上から

横から

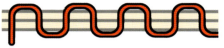

一度さした針を返すようにしてぬい進める。じょうぶにぬうことができる。

針穴

針先

### 危険！

- 針先がするどいので、人に向けてはいけません。
- 使っていない針は、針さしにさして、なくさないようにしましょう。
- 折れた針はごみ箱などに捨てずに、折れ針入れに入れましょう。

## こんな道具もあるよ！

### まち針

布を仮にとめておくためにさす針です。糸を通す穴がなく、目立つようにかざりがついています。

**使い方**

ぬい合わせる線に対して直角にさして、仮どめするための針です。布の内側に針先がくるようにします。

### 針さし

使っていない針をさしておく道具です。針さしにさしておけば、針をなくすことはありません。

**使い方**

使っていない針を、さしておきます。針を使いたいときは、針さしから抜いて使います。

51

## 線を引く コンパス

紙などに円をかくための道具です。しんのついたタイプと、えんぴつを取りつけてかくタイプがあります。また、あしの部分をのばすことができるタイプもあります。

### 使い方

コンパスに、針の先よりも少し短くなるように、えんぴつを取りつけます。次に、かきたい円の半径分だけ、あしを広げ、頭の部分を持って紙などに針をさします。最後にえんぴつがついているほうのあしを回して、円をかきます。

**危険！**
針はとがっているので、人に向けないようにしましょう。

頭の部分を持って、針を中心として回転させ、円をかく。

株式会社ソニック
スーパーコンパス鉛筆用 EC-255-K

---

### こんな道具もあるよ！

#### 先生用のコンパス

黒板に円をかくためにすべり止めのゴムがついている、大きなコンパスです。

**使い方**
チョークを取りつけて、かきたい円の半径分だけあしを広げます。ゴムの部分を黒板におしあてて回転させ、チョークで円をかきます。

#### 三角定規

直角三角形の定規で、形のちがうふたつの三角形が一組になっています。直角以外の角が45°の三角形と、30°と60°の三角形です。

**使い方**
ふたつの三角定規を組み合わせて角をつくり、いろいろな角度の線を引くことができます。

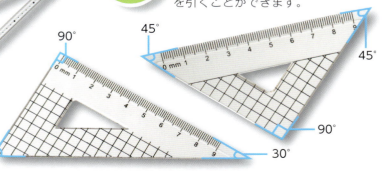

## 線を引く

# すじけ引き

木の表面に、へりと平行な線を引くための道具です。金属で木の表面をけずって線をつけるため、うすい板なら、引いた線の部分で割ることもできます。

### 使い方

木の板のへりから引きたい線までのきょりを決めたら、さおにかかれた目もりに合わせて定規板を動かし、くさびで固定します。次に定規板を木のへりにあてて手前に動かし、線を引きます。

**危険！**
け引き刃はするどいので、けがをしないように気をつけましょう。

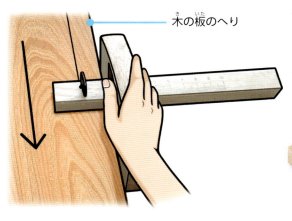

定規板を持って自分のほうへ引くようにして線を引く。

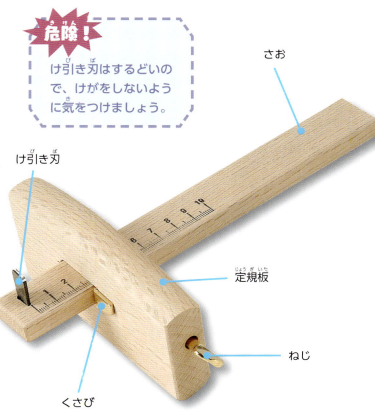

さお / け引き刃 / 定規板 / ねじ / くさび / 木の板のへり

## こんな道具もあるよ！

### けがき針

金属の板の表面に線を引く道具です。金属に傷をつけなければならないので、かたい鋼でつくられていて、先はとがっています。

#### 使い方

線を引きたい金属に鋼尺（金属製の定規）をあて、けがき針で金属の表面に傷をつけて線を引きます。けがき針は、えんぴつと同じように持ち、針の先を鋼尺にぴったりあてて使います。あまり力を入れず、軽く引くと、きれいな線が引けます。けがき針で引いた線はとても細いので、見づらく作業がしにくい場合があります。そのときは、あらかじめ油性ペンで線を引いておき、その上からけがき針で傷をつけていくと、線が見やすくなります。

針先 / 柄

# ライン引き

線を引く

グラウンドに一定のはばで白い粉をまき、目印となる線（ライン）を引く道具です。競技によって引くラインの太さがちがうので、ラインはばがちがういくつかのライン引きがあります。

### 使い方

まっすぐなラインを引くときは、前方5～6mの地点をいつも見ながら、ラインを引きます。ラインを引きはじめたら、とちゅうで歩く速さを変えたり、立ち止まったりしないで、最後までまっすぐ前だけを見て歩きましょう。

- 取っ手
- 本体
- 車輪

株式会社エバニュー
スーパーライン引SA-510N

わきをしめる。

**おす**
ライン引きの取っ手を、両手でにぎってラインを引く。わきをしめると、線がゆがみにくい。

引っぱってラインを引くこともできます。種類によっては、粉がつまる原因になることがあるので、注意しましょう。

※ライン引きは、おもに先生が使う道具です。先生に頼まれたとき以外は、勝手に使わないようにしましょう。

## もっと使いこなそう！

ライン引きでまっすぐなラインを引くにはポイントがあります。

### メジャーを使う

ラインを引きたいところに、ひもやメジャーをはり、それらにそってライン引きを動かすと、まっすぐな線を引けます。

まっすぐなラインを引きたいときは、ひもやメジャーをはる。

### 危険！

炭酸カルシウムでつくられた粉の場合は、さわると、皮ふがかぶれたり、アレルギーの反応が出たりすることがあります。また、目に入ったときには、手でこすらずに水道水で洗いましょう。

吸う・出す

# スポイト

理科実験のときに、液体を吸うための道具です。とても少ない量の液体を吸い上げたり出したりすることができるので、細かな量の調整ができます。

**使い方**

①スポイトの先端の部分を液体につけて、じゃばらの部分を指でおし、中の空気を出します。

②じゃばらの部分から指をはなすと、液体を吸い上げます。

③先端を液体から出し、じゃばらの部分をおすと、先端から液体が出ます。

じゃばらの部分

目もり

先端

## こんな道具もあるよ！

### 駒込ピペット

スポイトと同じように、液体を吸い上げたり、出したりする道具です。一般的にスポイトよりも大きく、目もりがついているので、正確な量の液体を吸ったり、出したりすることができます。

**使い方**

先端を液体につけてゴム球をつまみ、ゴム球をはなすと、液体を吸い上げます。そして、先端を液体から出し、ゴム球をおすと液体が出てきます。液体の中には、ゴムを溶かす性質をもつものもあります。吸った液体が、ゴム球にふれないように、いつも先端を下、ゴム球を上にして持ちましょう。

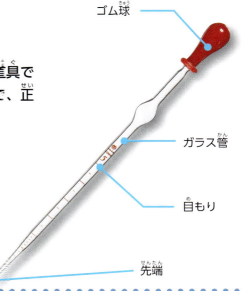

ゴム球

ガラス管

目もり

先端

# つかむ ピンセット

指でつまみにくい、小さなものをつまむための道具です。つまむものの形に合わせて、先がまっすぐなもの、曲がっているもの、平らなものなどがあります。

**使い方**
中央部分を両側から指でおすと、V字の根もと部分を支点にして先端部分が閉じるため、ものをつまむことができます。折り曲げた部分がばねのはたらきをするため、指の力をゆるめると、先端部分が開きます。

**持ち方**
親指と人さし指で中央部よりやや先端に近い部分を、はさむように持ちます。先端に近い部分を持つほど、細かい作業がしやすくなります。

先端

先が曲がったピンセット

先が平らなピンセット

**危険！**
ピンセットには、先端がするどくとがっているものもあります。とがっているピンセットを使うときは、先端を人に向けないようにしましょう。

## こんな道具もあるよ！

### ペンチ
小さなものを、強い力でつかむための道具です。針金を曲げたり、ボルトの頭をつかんで固定したりすることができます。

**使い方**
先端部分でつかみたいものをはさみます。柄をにぎって先端を閉じることで、つかみたいものをはさむことができます。カッターの部分で針金を切ることもできます。

先端
カッター
柄

### ラジオペンチ
ペンチと同じように、強い力でつかむ道具です。先端が長いので、せまい場所で細かい作業をするのに向いています。

**使い方**
ペンチと同じように、先端でつかみたいものをはさんで、柄を閉じることで、つかみます。カッターもついていて、針金を切ることもできます。

先端
カッター
柄

## とめる ドライバー

ねじをねじこんで固定したり、はずしたりするための道具です。ねじの形によって使い分ける、プラスドライバーとマイナスドライバーがあります。

**使い方**
ねじの形や大きさに合ったドライバーを選び、先端をねじの頭にさしこみます。ドライバーとねじが一直線になるようにして、ねじこむときは右回りに、ゆるめるときは左回りに回します。

**持ち方**
親指、人さし指、中指の3本でつまむようにドライバーを持って回します。ドライバーが安定しない場合には、もう一方の手でじくをおさえながら回します。

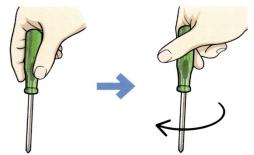

親指、人さし指、中指の3本でつまむように持つ。 → 指をひねるようにして、ドライバーを回転させる。

先端 / じく / プラスドライバー / マイナスドライバー / グリップ

**危険！**
・ドライバーの先端を人に向けないようにしましょう。
・グリップの後ろの部分を金づちでたたいて、穴を開けるのに使うと、グリップが割れることがあり危険です。

### こんな道具もあるよ！

## スパナ、レンチ

ものを固定するボルトやナットを回してしめたり、ゆるめたりする道具です。さまざまな大きさがあり、ボルトやナットの大きさに合わせて使い分けます。

**使い方**
ボルトやナットの大きさに合った口のものを選びます。口の部分でボルトやナットをはさみ、しめたり、ゆるめたりします。一般的に、右に回すとしまり、左に回すとゆるみます。ボルトやナットをはさんだ口から、遠いところをにぎると、小さい力でも軽く回せます。

スパナ / 口 / 柄 / レンチ

## はさむ 万力

かたいものを切ったりけずったりするときに、切るものやけずるものが動かないように固定する道具です。手でおさえるよりもずっと強く固定することができます。

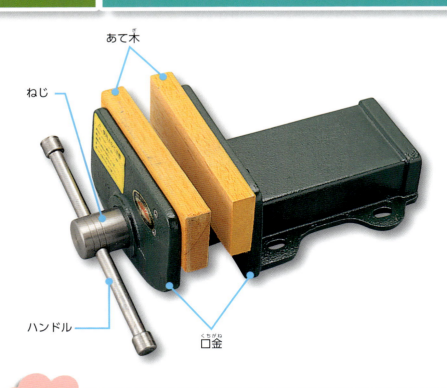

あて木 / ねじ / ハンドル / 口金

### 使い方
はさみたいものを口金のあいだに持っていき、ハンドルを回して口金をしめ、ものをはさみます。はさみたいものを傷つけないように、あて木がついているものもあります。

### 危険！
- しめる力がとても強いので、指などをはさむと危険です。はさまないように気をつけましょう。
- ハンドルはかならず手でしめ、金づちなどでたたいたりしないようにしましょう。

### もっと使いこなそう！
せっかく万力を使っても、正しく固定できていないと、うまく切ったりけずったりすることができません。

**口金から出すのは少しだけ**
切ったりけずったりする部分が口金から出すぎていると、はさんでいるものが不安定になるので、口金から少しだけ出るくらいにして、作業をおこないます。

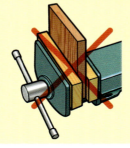
切ったりけずったりするものが口金から出すぎていて、安定しない。

口金から出ている部分を短くすると安定する。

### こんな道具もあるよ！

**クランプ**
木の板をはり合わせたり、重ねて固定したりするときなどに使います。とても強い力で固定することができます。

ハンドル / ねじ / 口

### 使い方
口の部分に重ねた木などを入れ、ハンドルを回してしめます。口が金属で、木などに傷がつくときは、あいだに木をはさみます。

ハンドルを下向きにして使う。

## 抜く

# くぎ抜き

バールともよばれます。木に打ちこんであるくぎを抜くための道具です。くぎを抜くには大きな力が必要ですが、くぎ抜きがあれば、小さな力でかんたんに抜くことができます。

### 使い方

頭にあるV字のみぞをくぎの頭の下に引っかけます。次に、柄を後ろにたおすことで、くぎ抜きの頭が上に持ち上がり、くぎを抜くことができます。くぎの頭があまり出ていないときは、尾のV字のみぞを打ちこんでいくと、くぎがういてきます。

頭部分にあるV字のみぞにくぎの頭を引っかけ、くぎ抜きを後ろにたおしてくぎを抜く。

### 危険！

- 先端は、するどいので、人にぶつけたりしないように気をつけましょう。
- 金づちなどの代わりとして、ものをたたいたりしないようにしましょう。

## もっと使いこなそう！

くぎ抜きは、くぎを抜くだけでなく、こじ開けるのにも使えるため、ものを分解するときに、便利な道具です。

### くぎ抜きでこじ開ける

くぎ抜きのL字になっているほうとは逆の尾の部分を、くぎなどでとめられているもののすき間に入れて下におすと、くっついていたものをこじ開けることができます。

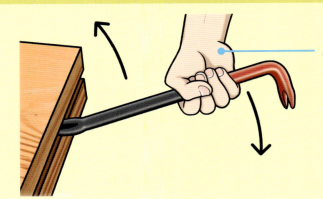

尾からできるだけはなれたところを持つと、小さい力でこじ開けることができる。

打つ

# 金づち

ものを打つ道具で、木でできた柄の先に、鉄でできた頭部がついています。とくにくぎを打つときによく使われます。

**持ち方**
柄を5本の指でにぎるようにしっかりと持ちます。柄じり近くを持つほど、力が入りやすくなります。

**使い方**
くぎを打ちこみたいところの正面に立ち、金づちを持っていないほうの手でくぎをささえます。次に、金づちの柄のまん中ぐらいを持ち、くぎの頭を軽くたたきます。くぎがたおれないぐらいまで打ちこんだら、くぎにそえている手をはなし、柄じり近くを持って強い力で打ちこみます。

## もっと 使いこなそう！

うまくくぎが打てないときには、打ちやすくなるように、工夫をします。

**ペンチを使う**
くぎが短くて持ちにくいときは、ペンチなどではさむと打ちやすくなります。きりであらかじめ穴をあけておくのも効果的です。

くぎが短い場合、ペンチを使うと支えやすく、安全。

**危険！**
・くぎをささえている手をたたかないように気をつけましょう。
・くぎを打つときは、柄をしっかりと持ち、金づちが飛んでいかないようにしましょう。

## こんな道具もあるよ！

### げんのう

頭の両側でくぎなどを打つ道具です。頭の一方は平らで、もう一方は少しだけふくらんでいるのが特ちょうです。

**使い方**
使い方は、金づちと同じです。最初は頭の平らな面で打ち、くぎを打ち終わるときにはふくらんでいる面を使うと、木を傷つけずに打てます。

## 音を出す

# ホイッスル

体育の授業や、さまざまな学校行事などで、リズムをとったり、作業の開始や終了を知らせたりするための音を出す道具です。高くするどい音が出て、遠くまでとどきます。

放音口

ふき口

株式会社エバニュー　EK3211 プラエコー笛

**使い方**
ふき口を歯で軽くくわえ、「フッ！」と強く、短く息をふきこみます。ふき終わりは、舌でせんをするようにして息を止めます。長くふくときは、できるだけふきこむ息の強さが変わらないようにしましょう。

**持ち方**
親指と人さし指でつまむように持ちます。指で放音口をふさがないようにします。

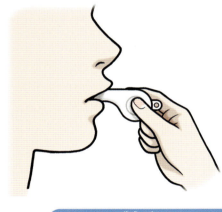

親指と人さし指でつまむように持ち、くちびるを少しつき出すようにしてくわえる。

**危険！**
人の耳もとで大きくふくと、耳が聞こえなくなってしまうことがあるので、やめましょう。

### こんな道具もあるよ！

## 電子ホイッスル

息をふきこむ代わりに、電気の力で音が出るホイッスルです。体育や行事のときに使うだけでなく、防犯のためにも使えます。

**使い方**
落とさないように、ひもを首や手首にかけて電子ホイッスルを持ちます。スイッチをおすと音が出ます。

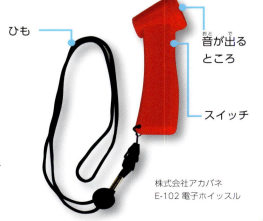

ひも

音が出るところ

スイッチ

株式会社アカバネ
E-102 電子ホイッスル

| ふく | # ぞうきん | そうじのときにほこりなどをふき取るのに使う道具です。売られているものもありますが、古いタオルなどを折りたたみ、ぬい合わせてつくることもできます。 |

### 使い方

ふきやすい大きさに折りたたみ、ふき残しがないように、まっすぐぞうきんを動かしてふきます。教室などのすみは、とくにふき残しやすいので、気をつけてふきます。使っている面がよごれたら、折り方を変えて別の面でふきましょう。

## もっと使いこなそう！

ぞうきんをぬらして使うときには、しっかりとしぼりましょう。しっかりしぼれていないと、ふいたところに水のあとが残り、きれいになりません。

### 上手なしぼり方

ぞうきんを細長くたたみ、たてになるように両手で持ちます。両手ではしのほうを持って手首をひねるようにしぼります。太すぎるとうまくしぼれないので、手の大きさに合わせて太さを調節しましょう。

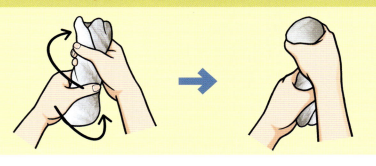

## こんな道具もあるよ！

### 自在ほうき

ほうきの一種で、柄と頭が自由に動くように、金具でつながれています。

**使い方**
両手で柄を持ち、毛が床からはなれないように気をつけながら、軽くはきます。上になっている手を支点にして、下の手を動かすとはきやすくなります。

株式会社テラモト　BM-2 ホーキ

### ちり取り

ほうきで集めたごみなどを、すくい取る道具です。すくい取ったごみは、ごみ箱やごみぶくろなどに集めます。

**使い方**
口の部分を床につけて持ち、ほうきでごみなどをはき入れます。細かいほこりを取りきれないときは、ちり取りを少し後ろにずらしながら、ほうきではき入れるのを何度かくり返します。

株式会社テラモト
BM-2 チリトリツートン

# さくいん

この本に出てくることばを、50音順にならべています。数字は、ことばがのっているページです。

## あ

- アイロン……40
- アイロン台……40
- アルコールランプ……37、44
- 糸切りばさみ……7
- 糸のこ……11
- 上皿天びん……24
- えんぴつ……46、52

## か

- 解ぼう顕微鏡……31
- ガスコンロ……38
- ガスバーナー……36、44
- 片刃のこぎり……10
- カッター……9
- 金切りばさみ……8
- 金づち……60
- 紙やすり……15
- ガラス棒……28
- 気体検知管……22
- 気体採取器……22
- キッチンタイマー……19
- きり……13、60
- くぎ抜き……59
- 組やすり……15
- クラフトテープ……49
- クランプ……10、58
- 計量カップ……20
- 計量スプーン……20
- けがき針……53
- 消しゴム……46
- げんのう……60
- 顕微鏡……30、31
- 検流計……23
- 工作ばさみ……6
- 小刀……14
- 駒込ピペット……55
- コンパス……29、52

## さ

- ざる……45
- 三角定規……52
- 示温テープ……21
- 試験管……44
- 自在ほうき……62
- しゃ光板……34
- 消火器……43
- 蒸発皿……44
- すじけ引き……53
- すずり……47
- ストップウォッチ……19
- スパナ……57
- スポイト……55
- すみ……47
- 星座早見……35
- 接着ざい……48
- セロハンテープ……49
- 双眼鏡……32
- 双眼実体顕微鏡……31
- ぞうきん……62

## た

- 台ばかり……25
- 竹尺ものさし……18
- 裁ちばさみ……7
- 地球儀……26
- 地図……26、27
- 注射器……44
- 彫刻刀……17
- チョーク……46、52
- ちり取り……62
- デジタル温度計……21
- デジタルはかり……25
- 鉄メジャー……18
- 電圧計……23
- 点火用ライター……42
- 電子ホイッスル……61
- 電動糸のこ……11
- 電熱器……39
- 電流計……23
- ドライバー……57

## な

- なべ……45
- ニッパー……9
- ぬい針……51
- 布製メジャー(大型)……18
- 布製メジャー(小型)……18
- 布やすり……15
- ねん着テープ……49
- ノート……46
- のこぎり……10、11
- のり……48

## は

- はかり……24、25
- はさみ……6、7
- 針さし……51
- はんだごて……41
- ビーカー……44
- ピーラー……16
- ピンキングばさみ……7
- ピンセット……24、28、56
- ふっとう石……44
- フライパン……45
- フラスコ……44
- 分銅……24
- ペンチ……56、60
- ホイッスル……61
- 方位磁針……29、35
- 棒温度計……21
- 包丁……12
- ボウル……45
- ぼくじゅう……47
- 保護めがね……34

## ま

- まち針……51
- マッチ……37、42
- 万力……58
- ミシン……50
- 虫めがね……33
- 目打ち……13
- メジャー……18、54
- 毛筆……47
- 木工やすり……15
- モニターつき顕微鏡……31

## や・ら

- やすり……15
- ライン引き……54
- ラジオペンチ……56
- リトマス紙……28
- 両刃のこぎり……10
- 両面テープ……49
- レンチ……57
- ろうそく……42
- ロードメジャー……18

■監修者紹介

### 梅澤 真一（うめざわ・しんいち）

筑波大学附属小学校教諭。専門は小学校社会科教育。日本社会科教育学会、全国社会科教育学会、日本地理教育学会に所属。東京書籍『新しい社会科』教科書編集委員。編著に『必備！社会科の定番授業 小学校4年』（学事出版）、共著に『教科のプロが教える「深い学び」をうむ授業づくりの極意』（東洋館出版社）、監修に『読んでおきたい偉人伝 小学1・2年』『読んでおきたい偉人伝 小学3・4年』『読んでおきたい偉人伝 小学5・6年』（以上、成美堂出版）などがある。

■写真提供・協力

安積濾紙株式会社／井内衡機株式会社／エヌティー株式会社／大竹産業株式会社／貝印株式会社／株式会社アカバネ／株式会社ウチダテクノ／株式会社内田洋行／株式会社エー・アンド・デイ／株式会社エバニュー／株式会社金鹿工具製作所／株式会社呉竹／株式会社斉鎣／株式会社全教図／株式会社ソニック／株式会社テラモト／株式会社東海／株式会社トンボ鉛筆／株式会社日東社／株式会社初田製作所／株式会社ビクセン／株式会社美術出版エデュケーショナル／株式会社リトルウッド／株式会社渡辺教具製作所／クロバー株式会社／コクヨ株式会社／セメダイン株式会社／太洋電機産業株式会社／ツヴィリング J．A．ヘンケルスジャパン株式会社／東京オートマック株式会社／ニチバン株式会社／日本理化学工業株式会社／不易糊工業株式会社／藤原産業株式会社／美鈴ハサミ株式会社／ヤマヨ測定機株式会社／理研コランダム株式会社

■おもな参考文献

『学校で用いる文具・道具の使い方早わかり』鈴石弘之・内野務・中村隆介著（小学館）
『理科実験に役立つ道具のつかい方事典』石井雅幸監修（岩崎書店）

- 編集制作：株式会社童夢
- 執筆協力：山内ススム
- イラスト：川上ちえこ
- 装丁・本文デザイン：有限会社チャダル
- 校正協力：株式会社ぷれす、株式会社夢の本棚社

# 学校にある道具使い方事典
### はさみ・電流計からライン引きまで

2018年2月23日　第1版第1刷発行

監修者　梅澤真一
発行者　瀬津　要
発行所　株式会社PHP研究所
　東京本部　〒135-8137　江東区豊洲5-6-52
　　児童書出版部　☎03-3520-9635（編集）
　　児童書普及部　☎03-3520-9634（販売）
　京都本部　〒601-8411　京都市南区西九条北ノ内町11
　PHP INTERFACE https://www.php.co.jp/
印刷所　図書印刷株式会社
製本所

©PHP Institute,Inc. 2018 Printed in Japan　　ISBN978-4-569-78738-1

※本書の無断複製（コピー・スキャン・デジタル化等）は著作権法で認められた場合を除き、禁じられています。また、本書を代行業者等に依頼してスキャンやデジタル化することは、いかなる場合でも認められておりません。
※落丁・乱丁本の場合は弊社制作管理部（☎03-3520-9626）へご連絡下さい。送料弊社負担にてお取り替えいたします。

63P 29cm NDC374